前言

QianYan

名人名言是人类智慧宝库里的一份珍贵财富，是前人留给我们的精神食粮和智慧结晶。在茫茫书海中，由人类文明与智慧凝聚而成的至理名言，集思想性、洞察力和语言美于一身，正如文化星河中的点点繁星，散发着永恒的魅力。人生阅历尚浅的青少年朋友，阅读这些名言，可以启迪智慧，陶冶情操，树立正确的人生观、世界观和价值观。因而，名人名言既可以成为生活中攀登者的动力，也可以成为沧海夜航者的灯塔，还可以成为人们治学报国、事业成功的向导。

本书精选了古今中外名人名言上千则，内溶涉及幸福、友谊、志向、真理、奉献等方面。为便于查阅，我们将其按照主题，分为 18 个类别。希望这本书能给初踏人生之路的青少年有益的启迪。

目　录

MuLu

人生与幸福

RenShengYuXingFu

人生有两出悲剧：一是万念俱灰；另一是踌躇满志。

——萧伯纳

最本质的人生价值就是人的独立性。

——布迪曼

人生如同故事。重要的并不在有多长，而是在有多好。

——塞涅卡

倦怠乃人生之大患，人们常叹人生暂短，其实人生悠长，只是由于不知它的用途。

——维尼

人生犹如一本书，愚蠢者草草翻过，聪明人细细阅读。为何如此？因为他们只能读它一次。

——保罗

人生是短促的，这句话应该促醒每一个人去进行一切他所想做的事。

——约翰逊

人生就像弈棋，一步失误，全盘皆输，这是令人悲哀之事；而且人生还不如弈棋，不可能再来一局，也不能悔棋。

——弗洛伊德

人生不是一种享乐，而是一桩十分沉重的工作。

——列夫·托尔斯泰

人生的价值，并不是用时间，而是用深度去衡量的。

——列夫·托尔斯泰

人生并非游戏，因此，我们并没有权利只凭自己的意愿放弃它。

——列夫.托尔斯泰

真正的幸福只有当你真实地认识到人生的价值时，才能体会到。

——穆尼尔·纳素夫

谁要是游戏人生，他就一事无成；谁不能主宰自己，永远是一个奴隶。

——歌德

人生就是学校。在那里，与其说好的教师是幸福，不如说好的教师是不幸。

——海贝尔

没有比人生更艰难的艺术了，因为其他的艺术或学问，到处都有教师。

——塞涅卡

人生不是一支短短的蜡烛，而是一支由我们暂时拿着的火炬，我们一定要把它燃得十分光明灿烂，然后交给下一代的人们。

——萧伯纳

人生的小小不幸，可以帮助我们度过重大的不幸。

——伊森伯格

人生的价值，应当看他贡献什么，而不应该看他取得什么。

——爱因斯坦

生活于愿望之中而没有希望，是人生最大的悲衰。

——但丁

人生是一场无休、无歇、无情的战斗，凡是要做个够得上称为人的人，都得时时刻刻向无形的敌人作战。

——罗曼·罗兰

只要你不计较得失的话，人生还有什么不能想法子克服的？

——海明威

人生最困难的事情是认识自己。

——特莱斯

强烈的希望，比任何一种已实现的快乐，对人生具有更大的激奋

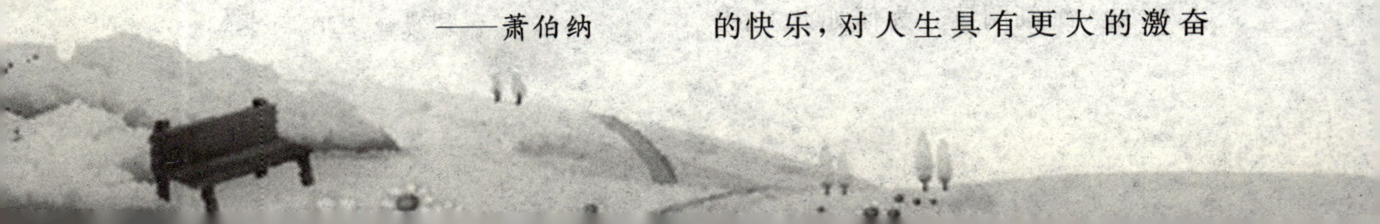

作用。

——尼采

在人生的道路上，当你的希望一个个落空的时候，你也要坚定，要沉着。

——朗费罗

人生是海洋，希望是舵手的罗盘，使人们在暴风雨中不致迷失方向。

——狄德罗

人只有献身于社会，才能找出那实际上是短暂而有风险的生命的意义。

——爱因斯坦

真正的价值并不在人生的舞台上，而在我们扮演的角色中。

——席勒

人生的价值是由自己决定的。

——卢梭

光辉的人生中，一个忙碌的钟头，胜于无意义的人生的一世。

——司各特

我们的人生随我们花费多少努力而具有多少价值。

——莫利亚克

春是自然界一年中的新生季节，而人生的新生季节，就是一生只有一度的青春。

——西塞罗

青春不是人生的一段时期，而是心灵的一种状况。

——塞涅卡

人生如同道路，最近的捷径通常是最坏的路。

——培根

人生最终价值在于觉醒和思考的能力，而不只在于生存。

——亚里士多德

人生的本质在于运动，安谧宁静就是死亡。

——帕斯卡

如果问在人生中最重要的才能是什么？那么回答则是：第一，无所畏惧；第二，无所畏惧；第三，还是无所畏惧。

——培根

自满、自高自大和轻信是人生的三大暗礁。

——巴尔扎克

人生的真正欢乐是致力于一个自己认为是伟大的目标。

——萧伯纳

如果人生的途程上没有障碍，人还有什么可做的呢。

——俾斯麦

凡不是就着泪水吃过面包的人是不懂得人生滋味的人。

——歌德

青春是人生最快乐的时光，但这种快乐往往完全是因为它充满着希望。

——卡莱尔

平庸的生活使人感到一生不幸，波澜万丈的人生才能使人感到生存的意义。

——池田大作

世上不知有多少人，为着疏懒误了自己的人生。奋发、活动、做事、谈话考虑问题之类，对某种人是很困难的事。

——莫泊桑

不勤勉的人生便是罪过；无技艺的勤劳就是粗野。

——罗斯金

人生颇富机会和变化。人最得意的时候，将有最大的不幸光临。

——亚里士多德

人生成功的秘诀是当好机会来临时，立刻抓住它。

——狄斯累利

人生中最困难的事情，莫过于选择。

——莫尔

将人生投于赌博的赌徒，当他们胆敢妄为的时候，对自己的力量有充分的自信，并且认为大胆的冒险是惟一的形式。

——茨威格

人生不是自发的自我发展，而是一长串机缘。事件和决定，这些机缘、事件和决定在它们实现的当时是取决于我们的意志的。

——科恩

最明亮的欢乐火焰大概都是由意外的火花点燃的。人生道路上不时散发出芳香的花朵，也是从偶然落下的种子自然生长起来的。

——塞缪尔·约翰逊

不管你知道多少金玉良言，不管你具备多好的条件，在机会降临时，你若不具体的运用，就不会有进步。自己有好的构想，而不贡献出来，人生就不会改善。

——威廉·詹姆斯

灾难——这东西最能经常而确凿无疑地提醒我们，人生的事物并不全是按照我们自己的安排。

——比尔斯

从不充分的前提中推断出充分的结论，这种艺术就是人生。

——巴特勒

不可能存在没有真实的人生，真实恐怕就是指人生本身吧。

——卡夫卡

一个尝试错误的人生，不但比无所事事的人生更荣耀，并且有意义。

——萧伯纳

不论人生多不幸，聪明的人总会从中获得一点利益；不论人生多幸福，愚蠢的人总觉得无限悲哀。

——拉·罗休弗克

虽然我们时常谈论人生之乐，但是我们都知道，苦日子和好日子一样，是不好过的，是充满着艰难险阻的。

——厄斯金

衡量人生的标准是看其是否有意义，而不是看其有多长。

——普鲁塔克

人生惟一理论的目的，是在地上建筑人间天堂。

——希尔泰

当我们告别人生的时候，要在时间的沙滩上留下自己的脚印。

——郎贯罗

人生到世界上来，如果不能使别人过得好一些，反而使他们过得更坏的话，那就太糟糕了。

——艾略特

生命是单程路，不论你怎样转弯抹角，都不会走回头，你一旦明白和接受这一点，人生就简单得多了。

——穆尔

虽然人人都企求得很多，但所需要的却是微乎其微。因为人生是短暂的，人的命运是有限的。

——歌德

人生一世不就是为了化短暂的事物为永久的吗？要做到这一步，就须懂得如何珍视这短暂和永久。

——歌德

有三件事人类都要经历：出生、生活和死亡。他们出生时无知无觉，死到临头，痛不欲生，活着的时候却又怠慢了人生。

——拉布吕耶尔

人生无论在极坏的时候或是最好的时候，总是美的，而且向来是美的。

——德莱塞

人生并不像火车要通过每个站似的经过每一个生活阶段。人生总是直向前行走，从不留下什么。

——刘易斯

人生是一头马，轻快而健壮的马，人要像骑手那样大胆而细心地驾驭它。

——海赛

人生是非常短暂的，但是如果只注意到其短暂那就连一点价值都没有了。

——沃韦纳戈

让我们享受人生的滋味吧，如果

我们感受得越多，我们就会生活得越长久。

——法朗士

人生的跑道是固定的。大自然只给人一条路线，而这条路线也只能够跑一次。

——西塞罗

人生是要活的，必须活得兴致勃勃，充满好奇心，无论如何也决不要背对着生活。

——安娜·罗斯福

即使断了一条弦，其余的三条弦还是要继续演奏，这就是人生。

——爱默生

人生像曲曲折折的山涧流水，断了流，却又滚滚而来。

——波普

人生每天失望，能把思想寄托在高贵的性格、纯洁的感情和幸福的境界上，也就大可自慰了。

——福楼拜

人生是由哽咽哭泣及微笑所组成的一段过程，而其中更大的部分是哽咽。

——波特

一个预感到有美好前途的人，当他在艰苦的人生大道上前进时，就像一个无辜的囚徒走向刑场，一点也用不着羞愧。

——巴尔扎克

人生的一切都是美好的，甚至连金钱也是一样，因为它会给人们以教益。

——纪伯伦

美的东西总是与人生的幸福和欢乐相连的。

——车尔尼雪夫斯基

对于我们来说，生活中必须有，也应该有某种人生信仰。

——蒙哥马利

人生的一切变化，一切魅力，一切美都是由光明和阴影构成的。

——列夫·托尔斯泰

所谓人生，是一刻也不停地变化着的。就是肉体生命的衰弱和灵魂生命的强大、扩大。

——列夫·托尔斯泰

人生是艰苦的。对不甘于平庸凡俗的人那是一场无日无夜的斗争，往往是悲惨的、没有光华的、没有幸福的，在孤独与静寂中展开的斗争。

——罗曼·罗兰

人生至善，就是对生活乐观，对工作愉快，对事业兴奋。

——布兰登

人生里有价值的事，并不是人生的美丽，却是人生的酸苦。

——哈代

良好的人生是受行动和智慧指导的。

——罗素

金钱与时间是人生两样最沉重的负担。最不快活的就是那些拥有这两样东西太多，多得不知怎样使用的人。

——约翰

人生的三大不幸是：接连不断的极端贫困；使希望破灭的极端忧郁；使灵魂空虚的极端无知。

——埃·马卡姆

对于人生来说，幸福不是目的，品德才是准绳。

——比彻

在人生的道路上能谦让三分，即能天宽地阔，消除一切困难，解除一切纠葛。

——卡耐基

对抗人生污辱的最好武器是勇气、任情恣意和忍耐。因为勇气使人坚强；任情恣意可教人诙谐；而忍耐则可让人沉静。

——海赛

获得幸福的惟一途径，就是忘掉目前的幸福，以除此之外的目的作为人生目标。

——米勒

不幸是人生的试金石。

——弗莱彻

通过辛勤工作获得财富才是人生的大快事。

——巴尔扎克

如果工作对于人类不是人生强索的代价，而是人生的目的，人类将是多么幸福。

——罗丹

苦难是人生的老师。通过苦难，走向欢乐。

——贝多芬

真实是人生的命脉，是一切价值的根基。

——德莱塞

改变好习惯比改掉坏习惯容易的多，这是人生的一大悲衰。

——毛姆

习惯真是一种顽强而巨大的力量，它可以主宰人生。因此，人自幼就应该通过完美的教育，去建立一种好的习惯。

——培根

死亡不是人生最大的损失，虽生犹死才是。

——卡曾斯

幸福在于自主自足之中。

——亚里士多德

遵照道德准则生活就是幸福的生活。

——亚里士多德

获得幸福的秘诀，并不在于为了追求快乐而全力以赴，而是在全力以赴之中寻出快乐。

——纪德

如果我们不能建筑幸福的生活，我们就没有任何权利享受幸福，这正和没有创造财富无权享受财富一样。

——萧伯纳

人类一切努力的目的在于获得幸福。

——欧文

在每个国家，知识都是公共幸福

的最可靠的基础。

——华盛顿

我们还年轻，我们不是怪物，也不是傻子：我们自己来争取自己的幸福吧！

——屠格涅夫

你想成为幸福的人吗？但愿你首先学会吃得了苦。

——屠格涅夫

能把自己生命的终点和起点联结起来的人，是最幸福的人。

——歌德

最大的幸福在于我们的缺点得到纠正，我们的错误得到补救。

——歌德

生活中的幸福就是不断前进。

——左拉

愚昧从来没有给人带来幸福，幸福的根源在于知识。

——左拉

我们要避免我们的义务与我们的利益发生冲突，避免从别人的灾难中企望自己的幸福。

——卢梭

对人来说，不幸要比幸福多两倍。

——荷马

别向不幸屈服，应该更大胆、更积极地向不幸挑战。

——威吉尔

承担不幸是困难的，但要负担幸福更是难上难。

——荷尔德林

一般而论，各个不相同的不幸造就幸福。因此，越是一次次不幸的频繁发生，就越是好事一桩。

——伏尔泰

永远不要离开义务和荣誉的道路，这是我们得到幸福的惟一方法。

——布封

最高的享受是完成别人认为你

完不成的事情。

——培德若特

与其先享福后受苦，不如先受苦后享福。

——萨迪

幸福是灵魂的一种香味，是一颗歌唱的心的和声。而灵魂的最美的音乐是慈悲。

——罗曼·罗兰

一朝开始便能够永远将事业继续下去的人是幸福的。

——赫尔岑

幸福存在于一个人真正的工作中。

——奥理略

幸福和欢乐中常常交混着不幸和悲哀。

——柯罗连科

幸福——常常是这样得来的：宽恕，永远宽恕所有的人，即使有人把你劈成两半，也要宽恕他。

——鲁维奥

幸福的生活是一种由爱鼓舞，由知识指导的生活。

——罗素

幸福来临时，人们往往不去注意。一旦我们有意去追求，幸福就会像高飞的大雁，永远追不到。

——霍桑

幸福是最珍贵的葡萄美酒，但对低级趣味的人来说，就味同嚼蜡了。

——洛·史密斯

只有认为自己幸福的人才能享受到幸福。

——塞·约翰逊

全部依靠自己，自身拥有一切的人，不可能不幸福。

——西塞罗

严肃的人的幸福，并不在于风流、游乐与欢笑这种种轻佻的伴侣，而在于坚忍与刚毅。

——西塞罗

人人都追求幸福。所谓幸福，就

是顺从宇宙以及遵守作为人类指导原理的理性生活。

——芝诺

人类幸福的两大敌人是痛苦和无聊。

——叔本华

不承认自己幸福的人，不可能幸福。

——西拉斯

只要我们还能丧失某些幸福，就说明我们还拥有一些幸福。

——塔金顿

使时间充实就是幸福。

——爱默生

人之所以不幸，是因为他不知道自己是幸福的，仅此而已。

——陀斯妥耶夫斯基

幸福对人的心灵来说是比不幸更严峻的考验。人虽然能忍受不幸，但却会被幸福所腐蚀。

——泰西塔斯

造福于人，无疑是千真万确的幸福。

——阿密埃尔

在任何不幸中都隐藏着幸福，我们只是不知道哪儿有好事，哪儿有坏事。

——葛奥尔吉乌

良好的健康状况和由之而来的愉快的情绪，是幸福的最好资金。

——斯宾塞

人们都追求幸福。和平，只有她是这个地球上最接近幸福的捷径，并且是谁都能得到手。

——希尔泰

信仰与真理

XinYangYuZhenLi

信仰，是人们所必须的。什么也不信的人不会有幸福。

——雨果

没有信仰，则没有名副其实的品行和生命；没有信仰，则没有名副其实的国土。

——惠特曼

信仰是心中的绿洲，思想的骆驼队是永远走不到的。

——纪伯伦

信仰是精神的劳动；动物是没有信仰的，野蛮人和原始人有的只是恐怖和疑惑。只有高尚的组织体，才能达到信仰。

——契诃夫

爱情、希望、恐惧和信仰构成了人性，它们是人性的标志和特征。

——罗·勃朗宁

没有了希望，一个人就不能维持他的信仰，保守他的精神，或保全他的内心纯洁。

——巴尔扎克

理智本身是一种信仰。它是一种确定自己思想和现实之间关系的信仰。

——切斯特顿

年轻时代是培养习惯、希望及信仰的一段时光。

——罗斯金

凡在小事上对真理持轻率态度

的人,在大事上也是不可信任的。

——爱因斯坦

勇于探索真理是人的天职。

——哥白尼

真理就是具备这样的力量,你越是想要攻击它,你的攻击就愈加充实了和证明了它。

——伽利略

人们还往往把真理和错误混在一起去教人,而坚持的却是错误。

——歌德

经过费力才得到的东西要比不费力就得到的东西较能令人喜爱。一目了然的真理不费力就可以懂,懂了也感到暂时的愉快,但是很快就被遗忘了。

——卜伽丘

向他的头脑中灌输真理,只是为了保证他不在心中装填谬误。

——卢梭

因为真理是灿烂的,只要有一个缝隙,就能照亮整个田野。

——赫尔岑

真理不是一种铸币,现成的摆在那里,可以拿来藏在衣袋里。

——莱辛

为寻求真理的努力所付出的代价,总是比不担风险地占有它要高昂得多。

——莱辛

在真理和认识方面,任何以权威者自居的人,必将在上帝的戏笑中垮台!

——爱因斯坦

人的天职在勇于探索真理。

——哥白尼

许多伟大的真理开始的时候都被认为是亵渎的行为。

——萧伯纳

为真理而斗争是人生最大的乐趣。

——布鲁诺

即使通过自己的努力知道一半真理，也比人云亦云地知道全部真理还要好些。

——罗曼·罗兰

我们对于真理必须经常反复地说，因为错误也有人在反复地宣传，并且不是有个别的人而是有大批的人宣传。

——歌德

遇到有承认自己错误的机会，我是最为愿意抓住的，我认为这样一种回到真理和理性的精神，比具有最正确无误的判断还要光荣。

——休谟

如果你想独占真理，真理就要嘲笑你了。

——罗曼·罗兰

一个人只要肯深入到事物表面以下去探索，哪怕他自己也许看得不对，却为旁人扫清了道路，甚至能使他的错误也终于为真理的事业服务。

——博克

追求真理比占有真理更加难能可贵。

——爱因斯坦

越是接近真理，便愈加发现真理的迷人。

——拉美特利

辩才，是一种将真理转化为语言的能力，而所使用的语言又能让聆听者完全理解。

——艾默生

随着时间的推移，真理会愈益显露。

——培根

真理在人那里获得生命力，并且展现出来。

——加缪

真理的大海，让未发现的一切事物躺卧在我的眼前，任我去探寻。

——牛顿

假如你要尊重真理，就要预期在腹背受难。

——笛福

真理的蜡烛往往会烧伤那些举烛的人的手。

——布埃斯特

对真理而言，信服比流言更危险。

——尼采

对自己不信任，还会信任什么真理。

——莎士比亚

真理惟一可靠的标准就是永远自相符合。

——欧文

真理属于人类，谬误属于时代。

——歌德

真理只可能对于目光短浅的个别的人才显得狰狞可怖的，本身却是永恒的美和永恒的幸福。

——别林斯基

真理永远是不朽的，而谬误总有一天要被纠正。

——玛·埃迪

谬误越大，真理取得的胜利就越大。

——席勒

真理是存在的顶峰，正义就是在实践中运用真理。

——爱默生

真理好比水果，只有熟透时才能采摘。

——伏尔泰

真理的核心无处不在，真理的范围漫无边际，真理的存在我们无法否认。

——爱默生

谁也不能将阳光装进自己的口袋，谁也不能将真理霸占。

——普列汉诺夫

上帝为每个人灵魂提供了选择机会：或是拥有真理，或是得到安宁。你可以任选其一，但不能兼而有之。

——爱默生

真理绝不因为有人不承认它而

感到苦恼。

——席勒

真理之川从它的错误之沟渠中流过；像萌芽一般，在一个真理之下又生一个疑问，真理疑问互为滋养。

——培根

真理往往非常朴素，以致人们不相信它。

——列瓦特

把真理用在那些其存在对谁都不重要的，认识它又一无用处，无谓事情上，那就是对真理这个神圣的名词的亵渎。真理，如果毫无用处，就不是一件必须具有的东西。

——卢梭

真理是一支火炬，而且是一支极大的火炬，所以当我们怀着生怕被它烧着的恐惧心情企图从它旁边走过去的时候，连眼睛也难睁开。

——歌德

当人们自由地追求真理时，真理就会被发现。

——罗斯福

许多真理都是以笑话的形式讲出来。

——尼采

真理穿了衣裳觉得事实太拘束了，在想象中，她却转动得很舒畅。

——泰戈尔

世界上再没有比得到真理更困难的了。

——厄尔文

站在高岸上遥看颠簸于大海中的行船是愉快的，站在堡垒中遥看激战中的战场也是愉快的，但是没有能比攀登于真理的高峰之上，然后俯视来路上的层层迷障、烟雾和曲折更愉快了！

——卢克莱修

阻力和反对来检验它是真是假……真理必须通过它在各个时代受到的反对和打击被人重新发现。

——泰戈尔

热爱真理的确实特征，是对任何一个命题的接受绝不超过其证据所显示的程度。

——洛克

我们对真理所能表示的最大崇拜，就是要脚踏实地地去履行它。

——爱默生

我们今日所唾弃的谬误，很久以前却是真理。

——惠蒂尔

我要做的只是以我微薄的绵力来为真理和正义服务。

——爱因斯坦

任何一个可信的道理都是真理的一种形象。

——布莱克

人的价值并不取决于是否掌握真理，或者自认为真理在握；决定人的价值的是追求真理的孜孜不倦的精神。

——莱辛

生命是一种语言，它为我们转达了某种真理；如果以另一种方式学习它，我们将不能生存。

——叔本华

谁若想在假面具和脂粉的遮掩下把真理介绍给一个人，那么他可能是情愿当真理的媒人，而决不是当真理的爱人。

——海涅

真理即使细弱如丝，也扯不断，混杂在一堆谎话里也会露头，像油浮在水上一样。

——塞万提斯

理性和真理是人所共具的，属于那先说出来的人并不多于那引用的人。也不是根据柏拉图多于根据我自己，既然他和我一样看见和了解它。

——蒙田

永恒的献身是生命的真理。它的完美就是我们生命的完美。

——泰戈尔

人需要真理，就像瞎子需要明眼的引路人一样。

——高尔基

如果真理得到信任是这么难，那谎话就一定是这里的通行证了。

——席勒

在泥土下面，黑暗的地方，才能发现金刚钻；在深入缜密的思维中，才能发现真理。

——雨果

当你看到不可理解的现象，感到迷惑时，真理可能已经披着面纱悄悄地站在你的面前。

——巴尔扎克

真理诚然是一个崇高的字眼，然而更是一桩崇高的业绩。如果人的心灵与情感依然健康，则其心潮必将为之激荡不已。

——黑格尔

即使为了国王的宝座，也永远不要欺骗、违背真理。

——贝多芬

使人们宁愿相信谬误，而不愿热爱真理的原因，不仅由于探索真理是艰苦的，而且是由于谬误更能迎合人类某些恶劣的天性。

——培根

在人类历史的长河中，真理因为像黄金一样重，总是沉于河底而很难被人发现，相反地，那些牛粪一样轻的谬误倒漂浮在上面到处泛滥。

——培根

尊重人不应该胜过尊重真理。

——柏拉图

勤奋与劳动

QinFeng Yu Lao Dong

除非一个人有大量的工作要做，否则他不可能从懒散、空闲中得到乐趣。

——杰罗姆

懒散是一个母亲，她有一个儿子——抢劫，还有一个女儿——饥饿。

——雨果

懒惰行动得如此缓慢，贫穷很快就能超过它。

——富兰克林

我们虽可以靠父母和亲戚的庇护而成长，倚赖兄弟和好友，借交游的扶助，因爱人而得到幸福，但是无论怎样，归根结底人类还是依赖自己。

——歌德

良机对于懒惰没有用，但勤劳可以使最平常的机遇变良机。

——马丁·路德

勤勉能使我们保持身体健康，头脑清醒，内心完美，钱包丰富。

——塞蒙兹

谁希望成为一个具有智慧的人，谁就没有时间去淘气胡闹；淘气胡闹是应该自行消灭的。

——果戈理

一个在奋斗途径上努力的人，要是不把步骤分清楚，等于你旅行一个地方，不先规定睡眠和行程一般。分清步骤，是十分重要的。

——戴尔·卡耐基

我们宁愿重用一个活跃的侏儒，不要一个贪睡的巨人。

——莎士比亚

登高必自卑，自视太高不能达到成功，因而成功者必须培养泰然心态，凡事专注，这才是成功的要点。

——爱迪生

一个成功者以最谦虚的态度来接受一个最忠诚的指导，这并不影响他的独立人格。但是你在接受指导之前，必须进行冷静的分析，千万别存有屈服感。

——弥尔顿

要想成功，就千万不能忽视任何事情……他必须对一切都下功夫，那也许还能有所收获。

——屠格涅夫

职位如不靠你的努力得来，或不是由你成绩换来的，那么一定不能保持你的名誉，是没有什么真正价值的。

——戴尔·卡耐基

不要停顿，因为别人会超过你；不要返顾，以免摔倒。

——阿·雷哈尼

提升自己的要诀是切勿停留在原地不动，而欲达到此目的，首先要有不满现状的心理。但是仅仅不满足是不够的，你必须决定下一步往何处去？千万不要做个只会成天抱怨的懒人。

——麦尔顿

有些事情是不能等待的。假如你必须战斗或者在市场上取得最有利的地位，你就不能不冲锋、奔跑和大步行进。

——泰戈尔

在每一条路上都有成百上千的人在勤奋，所以知名之士为数不少。大海里已经挤满了鲸鱼。

——法莱塞

如果说我有什么功绩的话，那不是我有才能的结果，而是勤奋有毅力的结果。

——达尔文

不要心平气和，不要容你自己昏睡！趁你还年轻，强壮、灵活，要永不疲倦地做好事。

——契诃夫

春天不播种，夏天就不会生长，秋天就不能收割，冬天就不能品尝。

——海德

通向面包的小路蜿蜒于劳动的沼泽之中，通向衣裳的小路从一块无花的土地中穿过，无论是通向面包的路还是通向衣裳的路，都是一段艰辛的历程。

——福斯

勤奋是一种可以吸引一切美好事物的天然磁石。

——罗·伯顿

怠惰是贫穷的制造厂。人不能奢望同时是伟大的而又是舒适的。重要的是要勤勉，因为只有勤勉，才不仅会给人提供生活的手段，而且能给人提供生活上的惟一价值。

——席勒

懒惰是一切邪恶之门——一个懒惰的人，正如一所没有墙壁的房子，恶魔可以从任何一个方面进来。

——乔叟

我们不应该像蚂蚁，单只收集；也不可像蜘蛛，只从自己肚中抽丝；而应该像蜜蜂，既采集又整理，这样才能酿出香甜蜂蜜来。

——培根

进步，意味着目标不断前移，阶段不断更新，它的视野总是不断变化的。

——雨果

人生下来不是为了抱着锁链，而是为了展开双翼。

——雨果

一个人即使已登山顶峰，也仍要自强不息。

——罗素·贝克

伟大的成绩和辛勤的劳动是成正比例的，有一分劳动就有一分收获，日积月累，从少到多，奇迹就可以创造出来。

——鲁迅

才能一旦让懒惰支配，它就一无可为。

——克雷洛夫

涓滴之水可磨损大石，不是由于它力量强大，而是由于昼夜不舍地滴坠。只有勤奋不懈地努力，才能够获得那些技巧。

——贝多芬

科学的未来只能属于勤奋而谦虚的年轻一代！

——巴甫洛夫

勤勉是德行的根本。

——卡莱尔

诚实和勤奋，应当成为你永久的伴侣。

——富兰克林

劳动是社会中每个人不可避免的义务。

——卢梭

完善的新人应该是在劳动之中和为了劳动而培养起来的。

——欧文

在人的生活中最主要的是劳动训练。没有劳动就不可能有正常的人的生活。

——卢梭

世间没有一种具有真正价值的东西，可以不经过艰苦辛勤劳动而能够得到的。

——爱迪生

正是劳动本身构成了你追求的幸福的主要因素，任何不是靠辛勤努力而获得的享受，很快就会变得枯燥无聊，索然无味。

——休谟

劳动是财富之父，土地是财富之母。

——威廉·配第

为人类的幸福而劳动，这是多么壮丽的事业，这个目的有多么伟大！

——圣西门

如果儿童让自己任意地不论去做什么而不去劳动，他们就既学不会文学，也学不会音乐，也学不会体育，也学不会那保证道德达到最高峰的礼仪。

——德谟克利特

劳动一日，可得一夜的安眠；勤劳一生，可得幸福的长眠。

——达·芬奇

劳动可以使我们摆脱三大灾祸：寂寞、恶习、贫困。

——歌德

未来将属于两种人：思想的人和劳动的人。实际上这两种人是一种人，因为思想也是劳动。

——雨果

人生的意志和劳动将创造奇迹般的奇迹。

——涅克拉索夫

文化越高，劳动越受重视。

——罗雪尔

当一个人在深思的时候，他并不是在闲着。有看得见的劳动，也有看不见的劳动。

——雨果

一个懒惰心理的危险，比懒惰的手足，不知道要超过多少倍。而且医治懒惰的心理，比医治懒惰的手足还要难。

——戴尔·卡耐基

好事总是需要时间，不付出大量的心血和劳动是做不成大事的。想吃核桃，就是得首先咬开坚硬的果壳。

——格里美尔斯豪森

埋没在底层的人才真正值得敬重，他一辈子辛勤，一辈子奔忙，不求声誉和光荣，只有一种思想给他鼓动，为公众利益而劳动。

——克雷洛夫

虚荣之于我们不啻是劳动的激素，休息的油膏；它紧紧依附在生命之泉上。

——拉斯金

幻想是丝毫没有害处的，它甚至能支持和加强劳动者的毅力。

——皮萨列夫

只有通过劳动，思想才能变得健全；只有通过思想，劳动才能变得愉快，两者是不能分割的。

——罗斯金

没有任何权宜之计可以让人逃避真正的劳动——思考。

——爱迪生

一个专心致志思索的人并不是在虚度光阴。虽然有些劳动是有形的，但也有一种劳动是无形的。

——雨果

管理的第一目标是使较高工资与较低的劳动成本结合起来。

——泰罗

要活下去总得有点可以寄托的东西。……住在乡下只是内在劳动，而精神却在睡觉。

——契诃夫

健康的价值，贵重无比。它是人类为了追求它而惟一值得付出时间、血汗、劳动、财富——甚至付出生命的东西。

——蒙田

一个埋头脑力劳动的人，如果不经常活动四肢，那是一件极其痛苦的事情。

——托尔斯泰

使人愉快的劳动，能医治心灵的创伤。

——莎士比亚

劳动永远是人类生活的基础，是创造人类生活和文化幸福的基础。

——马卡连柯

劳动能唤起人的创造力。

——列夫·托尔斯泰

只有劳动才能使人变得幸福，使他的心灵变得开朗、和谐、心满意足。

——别林斯基

对于富有才华和热爱劳动的人

来说，不存在任何障碍。

——贝多芬

世间没有一种具有真正价值的东西，可以不经过艰苦辛勤的劳动而能够得到的。

——爱迪生

劳动使人免除三种坏处——厌烦、邪恶及贫穷。

——福尔特尔

美德在劳动中产生。

——欧里庇得斯

不劳动者无法从中获得裨益。

——贺拉斯

人类的劳动是惟一真正的财富。

——法朗士

平时不劳动的人，一生没有节日过。

——涅克拉索夫

任何一项劳动都是崇高的，崇高的事业只有劳动。

——卡莱尔

劳动可以使身体得到休息，劳动可以使精神得到休息。

——俾斯麦

学习是劳动，并且应当永远是劳动，是充满了思想的劳动，使求学的兴趣本身依赖于严肃的思想，而不是依赖于任何不合乎实际的表面文章。

——乌申斯基

没有顽强的细心的劳动，即使有才华的人也会变成绣花枕头似的无用的玩物。

——史坦尼斯拉夫斯基

劳动是惟一导向知识的道路。

——萧伯纳

请热爱劳动吧，即使不是靠它吃饭，也可为了身体的缘故而爱它，它可以增进身心健康，免除怠惰之果。

——佩恩

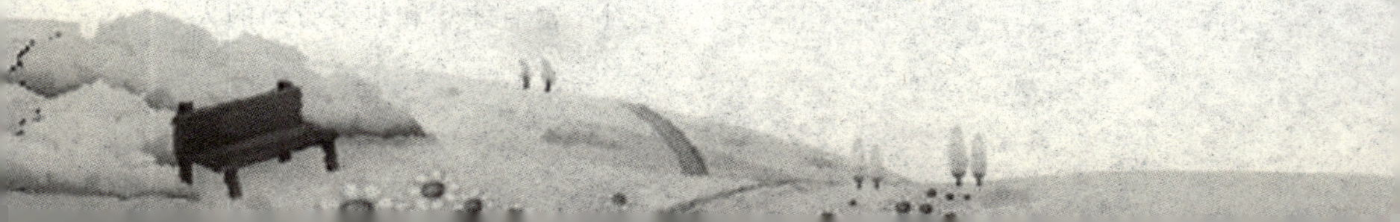

幸福存在于生活之中，而生活存在于劳动之中。

——列夫·托尔斯泰

幸福只会给予不怕劳动的人，多年忘我劳动的人。

——苏霍姆林斯基

科学的进步取决于科学家的劳动和他们的发明的价值。

——巴斯德

要想获得一种见解，首先就需要劳动，自己的劳动，自己的首创精神，自己的实践。

——陀思妥耶夫斯基

人，不管是什么，应当从事劳动，汗流满面地工作，他生活的意义和目的、他的幸福、他的欢乐就在于此。

——契诃夫

青春与奉献

QingChunYuFengXian

超乎一切之上的一件事，就是保持青春朝气。

——莎士比亚

当青春的光彩渐渐消逝，永不衰老的内在个性却在一个人的脸上和眼睛上更加明显地表露出来，好像是在同一地方久住了的结果。

——泰戈尔

孩子灵魂的丰富创造，补偿了母亲灵魂的日渐贫乏。青春是玫瑰花环，老年如荆棘王冠。

——希伯莱

小孩儿时候，再加上刚刚进入青春时期的两三年是生活中最充足的最优美的最属于我们的部分；它不知不觉地决定整个未来。

——赫尔岑

青春期最容易表现出喜怒哀乐的感情，而且是非常强烈的。

——尼扎米

岁月流逝，青春的美酒并不总是清澈的，有时它会变得浑浊。

——莱格

青春活力，可以说是把我们整个身心都舒展开了，同时用生活的的乐趣把我们眼前的万物也美化了。

——卢梭

如果青春的发卷可以用胜利换取，无疑他会用他的若干胜利交换。

——蒙森

青春似一日之晨，它冰清玉洁，充满着遐想与和谐。

——夏多布里盎

生命的黎明是乐园，青春才是真正的天堂。

——华兹华斯

一个人年轻的时候年轻，固然有福，可是把自己的青春保持到进入坟墓为止，那就更加百倍地有福。

——契诃夫

青春是生命中最美好的一段时间。

——黑格尔

青春是人生之花，是生命的自然表现。

——池田大作

迟到的青春是持久的青春。

——尼采

青春是人生最快乐的时光，但这种快乐往往完全是因为它充满着希望，而不是因为得到了什么或逃避了什么。

——托·卡莱尔

得到智慧的惟一办法，就是用青春去买。

——杰克·伦敦

青春是一个普通的名称，它是幸福美好的，但它也充满着艰苦的磨炼。

——高尔基

青春是没有经验和任性的。

——泰戈尔

对一个年轻人来讲，最令人惊异，最令人舒畅之事，莫过于在一位老人身上发现精神的青春。

——莫洛亚

青春这玩意儿真是妙不可言，外部放射出红色的光辉，内部却什么也感觉不到。

——萨特

有了金钱就能在这个世界上做很多事，唯有青春却无法用金钱来购买。

——莱曼特

痛苦和寂寞对年轻人是一剂良药，它们不仅使灵魂更美好，更崇高，还保持了它青春的色泽。

——大仲马

当我们为一去不复返的青春叹息时，我们应该考虑将来的衰老，不要到那时再为没有珍惜壮年而悔恨。

——拉布吕耶尔

必须永远朝着黎明青春和生命那方面看。

——雨果

即使拿未来的岁月作为代价，要买回自己的青春，我们也办不到；时间的酸性作用已经把我们改变了，化学的组合再也不是跟原来一样了。

——雷马克

友谊、活跃和青春的歌声会减轻我们的痛苦。

——空茨凯维支

撇开友谊，无法谈青春，因为友谊是点缀青春的最美的花朵。

——池田大作

青春的特征乃是动不动就要背叛自己，即使身旁没有诱惑的力量。

——莎士比亚

精力充沛的青春，是不怎么容易灭亡的。

——卡罗萨

青春在人的一生中只有一次，青年时代要比其它任何时代更能接受高尚的和美好的东西。谁能把青春保持到老年，不让自己的心灵冷却变硬僵化，谁就是幸福的人。

——别林斯基

尽管世界和人生是坏透了，其中却有一件东西永远是好，那便是青春。

——显克维奇

青年的思想愈被榜样的力量所激动，就愈会发出强烈的光辉。

——法捷耶夫

要做一番伟大的事业，总得在青年时代开始。

——歌德

青年的敏感和独创精神，一经与成熟的科学家丰富的知识和经验相结合，就能相得益彰。

——贝弗里奇

趁年轻少壮去探求知识吧，它将弥补由于年老而带来的亏损。智慧乃是老年的精神养料，所以年轻时应该努力，这样，年轻时才不致空虚。

——达·芬奇

青春，就像受赞美的春天。

——勃特勒

青春，一旦和它紧紧地握手，就能获得开拓新途径的动力，拥有创造性人生的灵性。

——金马

青春并不是指生命的某个时期，而是指一种精神状态。

——塞·厄尔曼

如果说青春也有缺点，那就是它消逝得太快。

——拉·洛威尔

有些人到了老年才第一次体验自己的青春。

——保罗

少年从不会抱怨自己如花似锦的青春，美丽的年华对他们来说是珍贵的，哪怕它带着各式各样的风暴。

——乔治·桑

在你青春的无忧无虑的生涯里，你屋子里所有的门户始终都开着。

——泰戈尔

青年时期是豁达的时期，应该利用这个时期养成自己豁达的性格。

——罗素

自信和希望是青年的特权。

——大仲马

无论哪个时代，青年的特点总是怀抱着名种理想和幻想。这并不是什么毛病，而是一种宝贵品质。

——加里宁

创造一切非凡事物的那种神圣的爽朗精神总是同青年时代和创造力联系在一起的。

——歌德

青年时代是培养习惯，希望和信念的一段时光。

——拉斯金

有经验的老人执事令人放心，而青年人的干劲则鼓舞人心。如果说，老人的经验是可贵的，那么青年人的纯真则是崇高的。

——培根

青年人比较适合发明，而不适合判断；适合执行，而不适合磋商；适合新的计划，而不适合固定的职业。

——培根

性情稳静愉快的人，不大会感到老年的压力，但是对于具有相反之性情的人，青年和老年同样都是重负。

——柏拉图

身体的有力和美是青年的好处，至于智慧的美则是老年所特有的财产。

——德谟克里特

青年人的教育是国家的基石。

——富兰克林

青年长于创造而短于思考，长于猛干而短于讨论，长于革新而短于持重。

——培根

如果一个青年人对他的行为及习惯漫不经心，如果他活得没有计划与目标，将光阴浪费于疏懒与安逸，那么一个傻子应该比他还有希望。

——霍兹

青年人的眼睛里燃烧着火焰，老年人的眼睛里放射出光芒。

——韦尔连

青年时种下什么，老年时就收获

什么。

——易卜生

青年需要建设。青年也是未完的工程。可以称它是蕴藏着无限可能性的未知数。青年富有革命气息，是旺盛生命力的主人。

——池田大作

青年希望表现自己的优越性，在荣誉和金钱之间，更喜欢前者，因为他们还没有感觉到对金钱的需要。

——亚里士多德

青年人陷于不义的时候，不敢对良心的镜子照一照；成年人却不怕正视；人生两个阶段的不同完全在于这一点。

——巴尔扎克

标志时代的最灵敏的晴雨表是青年人。

——罗曼·罗兰

青年时鲁莽，老年时悔恨。

——富兰克林

青年时期是要做一点什么事情及变成一个什么样人的一种时机。

——曼色尔

对于青年期中的年轻人应以豁达的热情去激励，而且应使他们以此种热情去建设自己的生活和事业。

——罗素

青年人的才能是发明，老年人的才能是判断。

——斯威夫特

青年时犯错误，成年时同错误进行斗争，老年时为错误而惋惜。青年时的失败要比壮年时的胜利，老年时的成功更令人满意。

——宙斯雷里

青年性格如同一匹不羁的野马，藐视既往，目空一切，好走极端。勇于革新而不去估量实际的条件和可能性，结果常因浮躁而改革不成却招致更大的祸患。老年人则正相反。他们常常满足于困守已成之局，思考多于行动，议论多于果断。为了事后不后悔，宁肯事前不冒险。

——培根

青年是学习智慧的时期，中年是付诸实践的时期。

——卢梭

青年人往往自视聪明，就像醉汉自觉清醒一样。

——切斯特菲尔德

德行比人情世故更难获得；青年人失掉了德行是很少能够再恢复的。

——洛克

你们这些生在今日的人，你们这些青年，现在要轮到你们了！踏在我们的身体上面向前吧。但愿你们比我们更伟大更幸福。

——罗曼·罗兰

青年力量所表现的本能是反对另外的青年力量或者有选择地和他们结合。因为各种思想都具有吸引力。

——罗曼·罗兰

对于一颗什么都需要享受的青年的心，获得幸福并不需要多少代价。

——拉马丁

使心地清净是青年人最大的诫命。

——莎士比亚

不论是老人，还是青年，航行对我们来说都是最后一次。

——斯蒂文森

人的生命的大部分都是致力于从心灵深处来拔掉自己青年时代的幼芽。这种手术就叫做经验的获得。

——巴尔扎克

青年人满身都是精力，正如春天的河水那样丰富。

——拜伦

爱情存在于奉献的欲望之中，并把情人的快乐视作自己的快乐

——斯韦登伯格

人生价值，应该看他贡献什么，

而不是取得什么。

——爱因斯坦

那个使他奉献自己，以促使其早日实现的主义，将不受所有法律的订立和法律的破坏所左右，而日渐茁壮成熟——就像土里的种子，不管冬日的寒冻，夏日的干旱，仍然将它饱满的谷粒献给人类那样。

——庞陀彼丹

如果你在任何时候，任何地方，你一生中留给人们的都是些美好的东西——鲜花，思想，以及对你的非常美好的回忆——那你的生活将会轻松而愉快。那时你就会感到所有的人都需要你，这种感觉使你成为一个心灵丰富的人。你要知道，给永远比拿愉快。

——高尔基

一个丰富的天性，如果不拿自己来喂养饥肠辘辘的别人，自己也就要枯萎了。

——罗曼·罗兰

我们的生命是天赋的，我们惟有献出生命，才能得到生命。

——泰戈尔

生命的用途并不在长短而在我们怎样利用它。许多人活的日子并不多，却活了很长久。

——蒙田

我们这一代就是施肥的一代，用自己的血灌溉快将实现的乐园，让后代享受人类应有的一切幸福，这就是我们一代的任务。

——李卡

没有无私的自我牺牲的母爱的帮助，孩子的心灵将是一片荒漠。

——狄更斯

有取有舍的人多么幸福，寡情的守财奴才是不幸。

——鲁达基

上天赋予的生命，就是要为人类的繁荣和平和幸福而奉献。

——松下幸之助

埋在地下的树根使树枝产生果

实，却并不要求什么报酬。

——泰戈尔

不是每一个都要站在第一线上的，各人应该做自己份内的工作。

——赫尔岑

我们能尽情享受的，只是施予的快乐。

——穆克

人要随时随地利用所有的方法，使用各种手段，在有生之日，尽力为善。

——韦斯利

人需要有一颗牺牲自己私利的心。

——屠格涅夫

船锚是不怕埋没自己的。当人们看不见它的时候，正是它在为人类服务的时候。

——普列汉诺夫

凡可以献上我的全身的事，决不献上一只手。

——狄更斯

夜把花悄悄地开放了，却让白日去领受谢词。

——泰戈尔

你若要为你的意义而欢喜，就必须给这个世界以意义。

——歌德

对人来说，最大的欢乐，最大的幸福是把自己的精神力量奉献给他人。

——苏霍姆林斯基

德行善举是惟一不败的投资。

——梭罗

人并非为获取而给予；给予本身即是无与伦比的欢乐。

——弗罗姆

尽力做好一件事，实乃人生之首务。

——富兰克林

历史把那些为了广大的目标而工作，因而使自己变得高尚的人看作是伟大的人；经验则把使最大多数人幸福的人称赞为最幸福的人。

——马克思

月儿把她的光明遍照在天上，却留着她的黑斑给它自己。

——泰戈尔

人的一生，贡献所作所为的意义和价值，比人们的预料更多地取决于心灵的生活。

——马丹·杜·加尔

点燃了的火炬不是为了火炬本身，就像我们的美德应该超过自己照亮别人。

——莎士比亚

生命的多少用时间计算，生命的价值用贡献计算。

——裴多菲

竭力履行你的义务，你应该就会知道，你到底有多大价值。

——列夫·托尔斯泰

奉献乃是生活的真实意义。假如我们在今日检视我们从祖先手里接下来的遗物，我们将会看到什么？他们留下来的东西，都有是他们对人类生活的贡献。

——阿德勒

像蜡烛为人照明那样，有一分热，发一分光，忠诚而踏实地为人类伟大事业贡献自己的力量。

——法拉第

给予的最需要的方面不在物质财富范围内，它存在于人性特有的领域。

——弗罗姆

我们的报酬取决于我们所做出的贡献。

——韦特莱

快乐是一种香水，无法倒在别人身上，而自己却不沾上一些。

——爱默生

真正高尚之人，必能造福于人类。

——亚里士多德

如果有一天，我能够对我们的公共利益有所贡献，我就会认为自己是世界上最幸福的人了。

——果戈里

要像灯塔一样，为一切夜里不能航行的人，用火光把道路照明。

——马雅可夫斯基

在生活的路上，将血一滴一滴地滴过去，以饲别人，虽自觉渐渐瘦弱，也以为快活。

——鲁迅

一个人若能为别人的生命与人道的法则着想，纵使他正在为自己的生命挣扎，并处于极大的压力之下，也不会全无回报的。

——丘吉尔

一个有德性的人，往往为他的朋友和国家的利益而采取行动，必要时乃至牺牲自己的生命。他宁愿捐弃世人所争夺的金钱荣誉和一切财物，只求自己的高尚。

——亚里士多德

我们应当在不同的岗位上，随时奉献自己。

——海塞

当你往前走的时候，要一路撒下花朵，因为同样的道路你决不会再走第二回。

——欧文

自己脑子里只装满着自己，这种人正是那种最空虚的人。

——莱蒙托夫

点燃蜡烛照亮他人者，也不会给自己带来黑暗。

——杰弗逊

当你服务他人的时候，人生不再是毫无意义的。

——葛登纳

一个人不论赋有什么样的才具，他如果不知道自己有这种才具，并且不形成适合于自己才具的计划，那种才具对他便完全无用。

——休谟

有的人觉得能够舍身，能够用牺牲来对人类表示深切而毫无私心的同情，是一种快乐。

——罗曼·罗兰

只要你曾经尽可能地贡献出来，就已经值得感激了。

——屠格涅夫

一个人无论禀有着什么奇才异能，倘然不把那种才能传达到别人的身上，他就等于一无所有。

——莎士比亚

人们赞美流星，是因为它燃烧着走完自己的全部路程。

——凌光

要找出来我值多少，那是别人的事情，主要的是能够献出自己。

——屠格涅夫

给予是能使人产生优越感的。

——雨果

一个人的真正价值首先决定于他在什么程度上和什么意义上从自我解放出来。

——爱因斯坦

一个人总得慷慨一点，才配受人感谢。

——托马斯·哈代

如果我们想法交朋友，就要先为别人做些事——那些需要花时间、体力、体贴、奉献才能做到的事。

——卡耐基

把别人的幸福当做自己的幸福，把鲜花奉献给他人，把棘刺留给自己！

——巴尔德斯

朋友与友谊

PengYouYuYouYi

人与人之间最大的信任就是关于进言的信任。

——培根

所谓友情这种东西，存在于一切人的生活之中。假如一个人丧失了友情，那他可能无法生存在这个世界上。

——西塞罗

不要靠馈赠来获得一个朋友。你须贡献你挚情的爱，学习用正当的方法来赢得一个人的心。

——苏格拉底

要想吸引朋友，须有种种品性。自私、小器、嫉忌，不喜欢成人之美，不乐闻人之誉的人，不能获得朋友。

——马尔顿

用狡计去害友人的人，自己将陷于危险埋伏之中。

——伊索

在幸运时不与人同享的，在灾难中不会是忠实的友人。

——伊索

那些背叛同伴的人，常常不知不觉地把自己也一起灭亡了。

——伊索

没有真挚朋友的人，是真正孤独的人。

——培根

最能保人心神之健康的预防药就是朋友的忠言规谏。

——培根

友谊也像花朵，好好地培养，可以开得心花怒放，可是一旦任性或者不幸从根本上破坏了友谊，这朵心上盛开的花，可以立刻萎颓凋谢。

——大仲马

名声是无味的向日葵，戴着一顶华丽而俗不可耐的金冠；友谊则是鲜润的玫瑰花，褶褶瓣瓣散发着沁人的芳香。

——霍姆斯

友谊能增进快乐，减轻痛苦，因为它能倍增我们的喜悦，分担我们的烦恼。

——爱迪生

友谊是人生的调味品，也是人生的止痛药。

——爱默生

一个人不应该与被财富毁了的人交接来往。

——居里夫人

真正的朋友有三种：爱你的朋友，忘你的朋友，恨你的朋友。

——桑弗

宁肯与好人一起咽糟糠，不愿与坏人一起吃筵席。

——托马斯·富勒

真正的友谊是一种缓慢生长的植物，必须经历并顶得住逆境的冲击，才无愧友谊这个称号。

——华盛顿

衡量朋友的真正标准是行为而不是言语；那些表面上说尽好话的人实际上离这个标准更远。

——华盛顿

真正的友谊，无论从正反看都应一样，不可能从前面看是蔷薇，而从反面看是刺。

——吕克特

酒食上得来的朋友，等到酒尽樽空，转眼成为路人。

——莎士比亚

比荣誉、美酒、爱情和智慧更宝

贵、更使人幸福的东西是我的友谊。

——海塞

友谊只能在实践中产生并在实践中得到保持。

——歌德

友谊的本质在于原谅他人的小错。

——大卫·史多瑞

友谊是一种和谐的平等。

——毕达哥拉斯

许诺固然可以获得友谊，但培养和保持友谊的还是行动。

——费尔瑟姆

那些私下和你谈到你的错误的人，可放心和他做朋友，因为他甘冒不韪。

——刺里

那个有过三个朋友而又先后失去的人，你不要做他第四个朋友。

——拉发特

朋友间必须患难相济，那才能说得上是真正的友谊。

——莎士比亚

做生意时没有友谊，交朋友时也不应该做生意。

——莱辛

连一个高尚朋友都没有的人，是不值得活的。

——德谟克里特

喜欢斥责别人的人，不是交朋友的材料。

——德谟克里特

真正的友谊是诚挚的和大胆的。

——席勒

只要你告诉我，你交的是些什么样的人，我就能说出，你是什么人。

——歌德

真正的志同道合者不可能长久地争吵，他们总会重新言好的。

——歌德

在背后称赞我们的人，就是我们的良友。

——塞万提斯

甚至不愿听朋友说真话的人，是真正不可救药的人。

——西塞罗

坎坷的道路上可以看出毛驴的耐力，患难的生活中可以看出友谊的忠诚。

——米南德

兄弟不一定是朋友，但朋友往往是兄弟。

——富兰克林

对所有的人以诚相待，同多数人和睦相处，和少数人常来常往，只跟一个人亲密无间。

——富兰克林

幸福并不在于多友，而在于慎择友人及其价值。

——约翰生

真正的友谊是不多心的。

——塞万提斯

生活将在种种友谊之中得到充实。爱他人，并为他人所爱，这就是生存的最大乐趣。

——威·史密斯

有时候，两个从不相识的人的确也很可能一见面就变成了知心的朋友。

——泰戈尔

真正的知己看上去比骗子还要冷漠。

——贺拉斯

真诚的友谊好像健康，失去时才知道它的可贵。

——哥尔顿

真正的朋友不把友谊挂在口上，他们并不为了友谊而互相要求一点什么，而是彼此为对方做一切办得到的事。

——别林斯基

友谊之于人心，其价值真有如炼金术上常常所说的，他们的宝石之于人身一样。

——培根

在无利害观念之外，互相尊敬似乎是友谊的另一要点。

——莫罗阿

选择朋友一定要谨慎！地道的自私自利，会戴上友谊的假面具，却又设好陷阱来坑你。

——克雷洛夫

友谊是两个平等者之间的无私交往。

——奥立弗·哥尔斯密

没有哪一种友谊的基础比有着一个共同的敌人更稳固。

——爱尔兰

既然我们都是凡人，就不如将友谊保持在适度的水平，不要对彼此的精神生活介入得太深。

——欧里庇得斯

人和人之间，最痛心的事莫过于在你认为理应获得善意和友谊的地方，却遭受了烦扰和损害。

——拉伯雷

友谊是一种温静与沉着的爱，为理智所引导，习惯所结成，从长久的认识与共同的契合而产生，没有嫉妒，也没有恐惧。

——荷麦

单独一个人可能灭亡的地方，两个人在一起可能得救。

——巴尔扎克

友谊对我们帮助最大的，并不是朋友们的实际帮助，而是我们坚信得到他们的帮助的信念。

——伊壁鸠鲁

选择朋友要慢，改换朋友要更慢。

——富兰克林

有很多良友，胜于有很多财富。

——莎士比亚

不论是多情诗句，漂亮的文章，还是闲暇的欢乐，什么都不能代替无比亲密的友谊。

——普希金

阴险的友谊虽然允许你得到一些微不足道的小惠，却要剥夺掉你的珍宝——独立思考和对真理纯洁的爱！

——别林斯基

朋友之间保持一定的距离，而使友谊永存。

——查理士

不要靠馈赠去获得朋友。你须贡献你诚挚的爱，学会怎样用正当的方法来赢得一个人的心。

——苏格拉底

在快乐时，朋友会认识我们；在患难时，我们会认识朋友。

——柯林斯

友谊永远是一个甜蜜的责任，从来不是一种机会。

——纪伯伦

你若聪明，莫把那人当作朋友，假如他和你的敌人交情深厚。

——萨迪

趋炎附势的小人，不可共患难！

——拜伦

友谊真是一样最神圣的东西，不仅值得特别推崇，而是值得永远赞扬。

——薄伽丘

谁若想在厄运时得到援助，就应在平日待人以宽。

——萨迪

愚蠢的朋友比明智的敌人更糟糕。

——释迦牟尼

友谊永远是美德的辅佐，不是罪恶的助手。

——西塞罗

若要对一个人维持交谊，是决不可揭穿他的秘密的，尤其是那种和自尊心有关的秘密。

——大仲马

老的树最好烧，老的马最好骑，老的书最好读，老的酒最好喝，老的朋友最可信赖。

——莱特

真正的朋友太少，言行不一的朋友太多。他们只是语言上的君子，行动上的矮子，像月亮那样，时而亏缺，时而满。

——克书多

人与人的友谊，把多数人的心灵结合在一起，由于这种可贵的联系，是温柔甜蜜的。

——圣·奥古斯丁

实际上，人们的联合是不可思议的，是一条神奇的“友爱”纽带把所有的人联系在一起。

——卡莱尔

不要从你自己的袋里掏出勋绩借给你的朋友，这是污辱他的。

——泰戈尔

“朋友”这个词人人都挂在嘴上，但是真正的友谊却很罕见。

——费德罗

寻找朋友的人，是理应找到朋友的，没有朋友的人，说明他从未寻找过。

——莱辛

只有真诚相待，才是真正的朋友。谁要是算计朋友，等于自己欺骗自己。

——哈·阿布巴卡

当我们从富翁沦为穷光蛋时，困境会告诉我们谁是知己，谁是势利的小人。

——约·德莱顿

金质礼品会断送友谊。因为赠礼者也许的确会忘记自己的慨举，但受礼者却永远会感此厚恩。

——威·史密斯

只要莫逆之交的真情洋溢与世态炎凉的残酷有了比较，一个人才会恍然大悟。

——巴尔扎克

不要对一切都以不信任的眼光看待，但要谨慎而坚定。

——德谟克利特

选择朋友要冷静，不可操之过急；断交更要慎重，能对你开怀直言的人，便是你的挚友。

——约翰逊

选择朋友如同挑甜瓜。要我告诉你为什么吗？因为要找出一个熟的，你必须挑上一百个。

——克·梅尔梅

朋友之间用不自然的礼貌时，就可以知道他们的感情已经开始低落了。

——莎士比亚

选择朋友应当像选择阅读的书籍一样，一要谨慎，二要控制数量。

——詹·豪厄尔

一旦交上了朋友，就不要轻易抛弃。

——梭罗

除了一个知心挚友以外，没有任何一种药物可以治疗心病。

——培根

因为有利可图才与你结为朋友的人，也会因为有利可图而与你绝交。

——塞内加

交上了坏朋友的人，是难以得到世人的敬重的。

——克雷洛夫

在不幸中，有用的朋友更为必要；在幸运中，高尚的朋友更为必要。在不幸中，寻找朋友出于必需；在幸运中，寻找朋友出于高尚。

——亚里士多德

要这样生活：使你的朋友不致成为仇人，使你的仇人却成为朋友。

——毕达哥拉斯

最善于应付对外面敌人的恐惧的是尽量交友；对于不能交为朋友的人，至少要避免和他们结怨；要是连这个也办不到，就要尽可能地避免和他们往来，为自己的利益疏远他们。

——伊壁鸠鲁

亲戚是上帝赐予我们的，朋友是我们自己挑选的。

——马姆福尔德

世界上没有比友谊更美丽，更会令人愉快的东西了，没有友谊，世界仿佛失去了太阳。

——西塞罗

友谊的一大奇特作用是：如果你把快乐告诉一个朋友，你将得到两个快乐；而如果你把忧愁向一个朋友倾吐，你将被分掉一半忧愁。

——培根

一个人如果抛弃他忠实的朋友，就等于抛弃他最珍贵的生命。

——索福克勒斯

友谊往往是由一种两个人比一个人更容易实现的共同利益结成的，只有在相互满足时这种关系才是纯洁的。

——斯特林堡

竭诚相助亲密无间，乃友谊之最高境界。

——瓦鲁瓦尔

心地善良的人，富于幻想的人比冷酷残忍的人更容易聚合。

——约翰逊

怯懦的朋友在叛离之后，会成为最凶残的仇敌。

——埃·斯宾塞

像橡树般一寸寸成长起来的友情，要比像瓜蔓般突然蹿起来的友情更为可靠。

——夏洛蒂·勃朗特

友谊在别的事情上都是可靠的，在恋爱的事情上却不能信托，所以恋人们都是用他自己的唇舌。

——莎士比亚

友谊既不需要奴隶，也不允许有统治者，友谊喜欢平等。

——冈察洛夫

不是真正的朋友，再重的礼品也敲不开心扉。

——培根

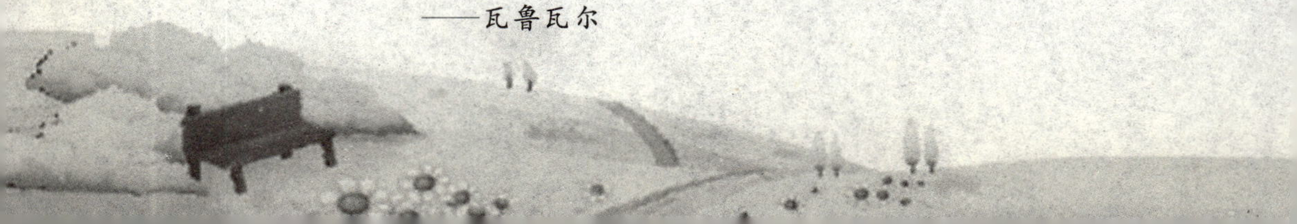

要把同道的人当作朋友，而不必把同利的人当作朋友。

——罗曼·罗兰

我们想的是如何养生，如何聚财，如何加固屋顶，如何备齐衣衫；而聪明人考虑的却是怎样选择最宝贵的东西——朋友。

——爱默生

当穷神悄然进来，虚伪的友情就越窗仓皇而逃。

——米尔

你通常会发现自己跟没有什么话可说的人在一起时反而话更多。

——帕菲萨

保持友谊的最好办法是不出卖朋友。

——米兹涅尔

破裂的友谊虽然能恢复，但却再也达不到亲密无间的程度了。

——托·富勒

要想得到别人的友谊，自己就得先向别人表示友好。

——爱默生

友谊的主要效用之一就在使人心中的愤懑抑郁之气得以宣泄释放。

——培根

飞黄腾达的路上一定点缀着破碎的友谊。

——威尔斯

最难忍受的孤独莫过于缺少真正的友谊。

——培根

理解绝对是养育一切友情之果的土壤。

——威尔逊

如果说，友谊能够调剂人的感情的话，那么友谊的又一种作用则是能增进人的智慧。

——培根

对于聪明人来说，劝告是多余的；对于愚昧人来说，劝告是不够的。

——莫里哀

我们结交朋友的方法，应该是给他人好处，而不是向他人索取。这种友谊最为可靠。

——修昔底斯

即使是最神圣的友谊里也可能潜藏着秘密，但是你不可以因为你不能猜测出朋友的秘密而误解了他。

——贝多芬

所谓友情，是平等的人们之间离开了利益关系的交易。

——哥尔斯

保持友谊的最好办法就是任何事情也不假手于他，同时也不借钱给他。

——保罗

有了朋友，生命才显出它全部的价值。一个人活着是为了朋友，保持自己生命的完整，不受时间侵蚀，也是为了朋友。

——罗曼·罗兰

在智慧提供给整个人生的一切幸福之中，以获得友谊为最重要。

——伊壁鸠鲁

友谊不是别的，而是一种以善意和爱心去连接世上一切神俗事物的和谐。

——西塞罗

正如真金要在烈火中识别一样，友谊必须在逆境里经受考验。

——奥维德

幸福的时候需要忠诚的友谊，患难的时刻尤其需要。

——塞涅卡

真正的友谊产生于共同的爱憎之中。

——萨鲁斯特

一旦友谊破裂，名誉受玷，忠诚变为罪恶和可耻的隐痛，以前的一切仅留下一个不停地出血的创伤，永远不可能愈合。

——温塞特

信任是友谊的重要空气，这种空

气减少多少，友谊也会相应消失多少。

——约瑟夫·鲁

一个人在其人生道路上如果不注意结识新交，就会很快感到孤单。人应当不断地充实自己对别人的友谊。

——塞·约翰逊

友谊最致命的病患是逐步冷淡，或是嫌怨的不断增加，这些嫌怨不是小得不足挂齿，就是多得无法排除。

——塞·约翰逊

建立和巩固友谊的最好的方法，莫过于互相信赖地闲谈心事与家常。

——约翰·洛克

友谊是灵魂的结合，这个结合是可以离异的，这是两个敏感，正直的人之间心照不宣的契约。

——伏尔泰

只有对于朋友，你才可以尽情倾诉你的忧愁与欢乐，恐惧与希望，猜疑与欢慰。

——培根

柔和的态度对于一颗被人轻蔑的心的确是很大的安慰。

——罗曼·罗兰

人们结成友谊的原因很多，有出于自然的，也有出于契约的，有出于自身利益的，也有出于共同志趣的。

——杰·泰勒

把友谊限于两人范围之内的人，似乎把明智的友谊的安全感与爱的妒嫉和蠢举相混淆。

——亚当·斯密

谁要在世界上遇到过一次友爱的人，体会过肝胆相照的境界，就是尝到了天上人间的欢乐。

——罗曼·罗兰

哪怕全世界的人都恨你，都相信你坏，只要你自己问心无愧，你也不会没有朋友的。

——夏洛蒂·勃朗特

什么样的人，交什么样的朋友。

——欧里庇得斯

想与所有人交友的人，不是任何人的朋友。

——普菲费尔

真正的友谊总是预见对方的需要，而不是宣布自己需要什么。

——莫洛亚

友谊绝不会忍受长期和频繁的忠告。

——罗伯特·林德

与有权势的人交朋友是靠不住的。

——费德鲁斯

愿除了寻求心灵的加深之外，友谊没有别的目的。

——纪伯伦

谈到名声、荣誉、快乐、财富这些东西，如果同友情相比，它们都是尘土。

——达尔文

和你一同笑过的人，你可能把他忘掉；但是和你一同哭过的人，你却永远不忘。

——纪伯伦

如果施舍于人，应在对方恳求之前，若对方已提出恳求，就只能算给了一半。

——吕克特

最能保人心神之健康的预防药就是朋友的忠言规谏。

——培根

只要你想想一个人一生中有多少事务是不能仅靠自己去做的，就可以知道友谊有多少益处了。

——培根

智慧、友爱，这是照亮我们的黑夜的惟一光亮。

——罗曼·罗兰

友谊是精神的融合，心灵的联姻，道德的纽结。

——佩恩

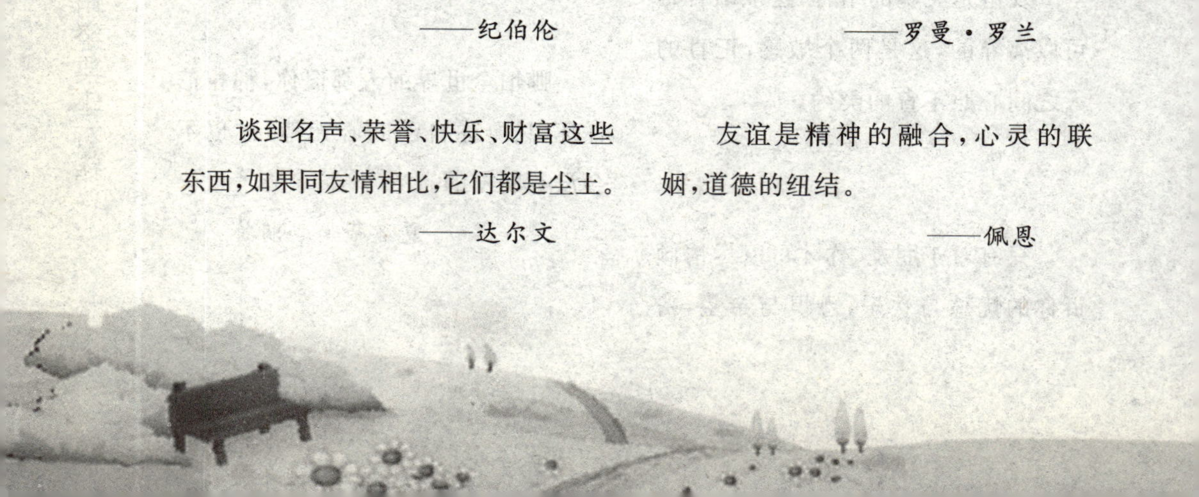

道德与人格

DaoDeYuRenGe

只有那不论公私都以道德为上、一心要做出高贵的事的人，方可算是最可尊崇的人。

——乔叟

谁能从道德败坏的地方脱出来，还保持洁白，便是有了最伟大的功德。

——显克微支

道德应当成为科学的指路明灯。

——布夫勒

人类最高的道德标准是什么？那就是爱国心。

——拿破仑

世上最使我们震撼的是头上灿烂的星空和内心的道德律。

——康德

道德的损害是良心的完全麻痹。

——芥川龙之介

道德活动既受政府长官支配，又受良心的制约。

——洛克

对于道德的实践来说，最好的观众就是人们自己的良心。

——西塞罗

人要正直，因为在其中有雄辩和德行的秘诀，有道德的影响力。

——阿米尔

说谎话的人所得到的，就只是即使说了真话也没有人相信。

——伊索

把“德性”教给你们的孩子：使人幸福的是德性而非金钱。

——贝多芬

无私是稀有的道德，因为从它身上是无利可图的。

——布莱希特

劳动是产生一切力量、一切道德和一切幸福的威力无比的源泉。

——拉·乔乃尼奥里

道德是自由的保卫者。

——斯米茨

应该热心地致力于照道德行事，而不要空谈道德。

——德谟克利特

感情有着极大的鼓舞力量，因此，它是一切道德行为的重要前提。

——凯洛夫

人在智慧上应当是明豁的，道德上应该是清白的，身体上应该是清洁的。

——契诃夫

如果道德败坏了，趣味也必然会堕落。

——狄德罗

道德普遍地被认为是人类的最高目的，因此也是教育的最高目的。

——赫尔巴特

因为道德是做人的根本。根本一坏，纵然使你有一些学问和本领，也无甚用处。

——陶行知

道德教育成功的“秘诀”在于，当一个人还在少年时代的时候，就应该在宏伟的社会生活背景上给他展示整个世界、个人生活的前景。

——霍姆林斯基

道德教育的核心问题，是使每个人确立崇高的生活目的。

——霍姆林斯基

没有情感，道德就会变成枯燥无味的空话，只能培养出伪君子。

——霍姆林斯基

在我们的社会中，劳动不仅是经济的范畴，而且是道德的范畴。劳动最大的益处还在于道德和精神上的发展。

——马卡连柯

一生的生活是否幸福、平安、吉祥，要看他的处世为人是否道德无亏，能否作社会的表率。

——裴斯泰洛齐

如果良好的习惯是一种道德资本，那么，在同样的程度上，坏习惯就是道德上的无法偿清的债务了。

——乌申斯基

道德是永存的，而财富是每天都在更换主人。

——普卢塔克

一个人如能在心中充满对人类的博爱，行为遵循崇高的道德律，永远围绕着真理的枢轴而转动，那么他虽在人间也就等于生活在天堂中了。

——培根

只有心地善良的人才能易于接受道德的熏陶。

——霍姆林斯基

人类最不道德处，是不诚实与懦弱。

——高尔基

在一切道德品质中，善良的本性是世界上最需要的。

——罗素

精神上的道德力量发挥了它的潜能，举起了它的旗帜，于是我们的爱国热情和正义感在现实中均得施展其威力和作用。

——黑格尔

历史使人贤明，诗造成气质高雅的人，数学使人高尚，自然哲学使人深沉，道德使人稳重，而伦理学和修辞学则使人善于争论。

——培根

同情是一切道德中最高的美德。

——培根

最有道德的人，是那些有道德却

不须由外表表现出来而仍感满足的人。

——柏拉图

骄傲道德导致丰盈，然后导致贫困，最后导致声誉扫地。

——富兰克林

社会和自然的区别就在于，社会是有一定道德目标的。

——赫胥黎

美德的本身就是它的报酬。

——达拉顿

无论你出身高贵或者低贱，都无关宏旨。但你必须有做人之道。

——歌德

即使品德穿着褴褛的衣裳，也应该受到尊敬。

——席勒

有学问而无道德，如一恶汉；有道德而无学问，如一鄙夫。

——罗斯福

法律是显露的道德，道德是隐藏的法律。

——林肯

美，是道德上的善的象征。

——康德

修养的本质如同人的性格，最终还是归结到道德情操这个问题上。

——爱默生

道德教育最简单的要素是“爱”。

——裴斯泰洛齐

真正的道德，跟一颗大钻石或珍奇的宝物一样受人欣赏。

——巴尔扎克

无聊，对于道德家来说是一个严重的问题，因为人类的罪过半数以上都是源于对它的恐惧。

——罗素

不守时间就是没有道德。

——蒙森

庸庸碌碌心安理得地过下去是

不道德的。而自动从战斗中退缩的人则是一个懦夫。

——罗曼·罗兰

真理的发现,或道德责任的完成,都引起我们的欢欣,使我们整个生命震颤。

——克罗齐

意志来自道德感和自身利益这两个因素。

——林肯

人类在道德文化方面最高级的阶段,就是当我们认识到应当用理智控制思想时。

——达尔文

知识欲的目的是真,道德欲的目的是善,美欲的目的是美。真善美,即人间理想。

——黑田鹏信

问心的道德胜于问理的道德,所以情感的生活胜于理智的生活。

——朱光潜

到处都得有为个人的神圣权利的奋斗;如果不要这种奋斗,那就是不道德。

——契诃夫

道德是一种获得——如同音乐,如同外国语——没有人生来就拥有道德。

——马克·吐温

道德对人的约束,要根据他所属社会阶层的不同而有所变化。阳光照耀各地情况不同,于是产生了我们赞叹不止的四季。同样,道德也使社会义务与每人的等级地位相吻合。

——巴尔扎克

人人可以注意到,过着不道德生活的人比旁人更缺少不了使自己昏迷的药物;强盗或小偷,赌徒与妓女没有麻醉品是不能生活的。

——列夫·托尔斯泰

许多道德家都曾谈到,人的诸种恶行中,骄傲为最,它以多种多样的形式出现。

——塞缪尔·约翰逊

美是道德纯洁、精神丰富和体魄健全的强大源泉。

——霍姆林斯基

心灵美就是精神的美与道德的美。

——库申

劳动使一个人的道德变得高尚。

——凯洛夫

遵照道德准则生活就是幸福的生活。

——亚里士多德

人类最大的幸福就在于每天能谈谈道德方面的事情。无灵魂的生活就失去了人的生活价值。

——苏格拉底

德可以分为两种：一种是智慧的德，另一种是行为的德，前者是从学习中得来的，后者是从实践中得来的。

——亚里士多德

任何恶德的外表都附着若干美德的标志。

——莎士比亚

品德，应该高尚些；处世，应该坦率些；举止，应该礼貌些。

——孟德斯鸠

在任何地点，在任何时代，为公益作出最大牺牲的人，都是人们称为最道德的人。

——伏尔泰

没有任何东西比人类的爱更富有智慧、更复杂。它是花丛中最娇嫩的而又最质朴、最美丽和最平凡的花朵，这个花丛的名字叫道德。

——霍姆林斯基

道德常常能填补智慧的缺陷，而智慧却永远填补不了道德的缺陷。

——但丁

道德不是良心的可卑的机谋，而是斗争和艰难，激情和痛苦。

——托马斯·曼

患难与困苦是磨练人格的最高

学府。

——苏格拉底

美德的最大秘密就是爱，或者说，就是逾越我们自己的本性，而融入旁人的思想、行为或人格中存在的美。

——雪莱

成人的人格的影响，对于年轻的人来说，是任何东西都不能代替的最有用的阳光。

——乌申斯基

应当把荣誉当作你最高的人格的标志。

——牛顿

只有伟大的人格，才有伟大的风格。

——歌德

一个人必须剔除自己身上的顽固的私心，使自己的人格得到自由表现的权利。

——屠格涅夫

教养又可称为“圆满的人格”。这就是说，从任何角度去观察，都可看到某种令人心旷神怡的东西，可以感动周围的人，还能有效地改善人之间的关系。我想，这就是教养的整体形象吧。

——池田大作

保持人格不仅靠功劳，也要靠忠诚。

——歌德

丧失人格的诗人比没有诗才而硬要写诗的人更可鄙，更低劣，更有罪。

——雨果

理想与志向

LiXiangYuZhiXiang

我们的理想，不管怎么样，都属于未来。

——奇雷特

青年人的特点在于他们抱有作理想事业的宏大志愿。

——加里宁

命运是一件很不可思议的东西。虽人各有志，往往在实现理想时会遭遇到许多困难，反而会使自己走向与志趣相反的路，而一举成功。

——松下幸之助

如果能追随理想而生活，本着正直自由的精神勇往直前的毅力，诚实不自欺的思想而立，则定能臻于至美至善的境地。

——居里夫人

如果不献身给一个伟大的理想，生命就是毫无意义的。

——何塞·黎萨尔

具有明确目的的生活是世界上最美好和最有意义的生活。

——加里宁

理想的人物不仅要在物质需要的满足上，还要在精神旨趣的满足上得到表现。

——黑格尔

毫无理想而又优柔寡断是一种可悲的心理。

——培根

理想的书籍是智慧的钥匙。

——列夫·托尔斯泰

每个人都有一定的理想，这种理想决定着他的努力和判断的方向。就在这个意义上，我从来不把安逸和快乐看作生活目的本身——这种伦理基础，我叫它猪栏的理想。

——爱因斯坦

人的活动如果没有理想的鼓舞，就会变得空虚而渺小。

——车尔尼雪夫斯基

理想是指路明灯。没有理想，没有坚定的方向；没有方向，没有生活。

——列夫·托尔斯泰

没有理想，就达不到目的；没有勇敢，就得不到东西。

——别林斯基

谁为时代的伟大目标服务，并把自己的一生献给了为人类兄弟而进行的斗争，谁才是不朽的。

——涅克拉索夫

人必须像天上的星星，永远很清楚地看出一切希望和愿望的火光，在地上永远不熄地燃烧着火光。

——高尔基

人生活在希望之中，旧的希望实现了，或者泯灭了，新的希望的烈焰随之燃烧起来。如果一个人只管活一天算一天，什么希望也没有，他的生命实际上也就停止了。

——莫泊桑

生活最大的危险就是一个空虚的心灵。

——葛劳德

生活不能没有理想。应当有健康的理想，发自内心的理想，来自本国人民的理想。

——季米特洛夫

活着，要有自己的价值。要作为一个强者存在于这个世界。

——夏宁

成功的奥秘在于目标的坚定。

——宙斯雷利

没有目的，就做不成任何事情；

目的渺小，就做不成任何大事。

——狄德罗

人生应为生存而食，不应为食而生存。

——富兰克林

立志是一件很重要的事情。工作随着志向走，成功随着工作来，这是一定的规律。

——巴斯德

我求索我得不到的，我得到了我不求索的。

——罗曼·罗兰

灵魂如果没有确定的目标，它就会丧失自己，因为俗语说得好，到处在等于无处在，四处为家的人无处为家。

——贺拉斯

我们一来到世间，社会就在我们面前树起了一个巨大的问号：你怎样度过自己的一生。

——爱因斯坦

生命之箭一经射出就永不停止，永远追逐着那逃避它的目标。

——罗曼·罗兰

有一些人追求永恒的美，他们把无限放到他们的短暂的生命里。另外一些人胸无大志地活着。

——罗曼·罗兰

我们要追求那真实的功业，要追求对宇宙人生更深远的了解，要追求永远超过狭小生活圈子之外的更有用的东西。

——罗曼·罗兰

让整个一生都在追求中度过吧，那么在这一生中必定会有许许多多美好的时刻。

——罗曼·罗兰

真正美的东西必须一方面跟自然一致，另一方面跟理想一致。

——席勒

人致力于一个目标，一种观念……是人在生活过程中追求完整之需要的一种表现。

——罗曼·罗兰

一个人的理想越崇高，生活越纯洁。

——伏尼契

你们的理想与热情，是你航行的灵魂的舵和帆。

——罗曼·罗兰

迎着阳光开放的花朵才美丽，伴着革命理想的爱情才甜蜜。

——莫贵英

乐观是希望的明灯，它指引着你从危险峡谷中步向坦途，使你得到新的生命新的希望，支持着你的理想永不泯灭。

——达尔文

人类的心灵需要理想甚于需要物质。

——雨果

在理想的最美好世界中，一切都是为最美好的目的而设。

——伏尔泰

一个人追求的目标越高，他的能力就发展得越快，对社会就越有益。

——罗曼·罗兰

工作中，你要把每一件小事都和远大的固定的目标结合起来。

——马雅可夫斯基

确定个人志向，选好专业，这是幸福的源泉。

——霍姆林斯基

对于一艘盲目航行的船来说，所有的风都是逆风。

——哈伯特

理想并不是一种空虚的东西，也并不玄奇，它既非幻想，更非野心，而是一种追求真美的意识。

——莎菲德拉

生活中没有理想的人，是可怜的人。

——屠格涅夫

理想是人生的太阳。

——德莱赛

忠实于理想——这是崇高而又有力的一种感情，这种感情和最残酷的压迫相对抗，这种感情甚至在危急万分的时刻也仍存于人的心中。

——伏契克

有的人爱说目标很难达到，那是由于他们的意志薄弱所致。

——卡耐基

停步在山谷的人永远也翻不过山岗。

——约翰·雷

走得最慢的人，只要他不丧失目标，也比漫无目的地徘徊的人走得快。

——莱辛

生活的目标是人类美德和人类幸福的心脏。

——乌辛斯基

人类惟有在实现自己美好理想的过程中才能前进。

——季米里亚捷夫

心中没有愿望，等于地上没有空气。

——布尔韦尔·科顿

一个人的价值不在于他现在的水平有多高，而是在于他是否能在生活中不停顿地前进。

——靳凡

抱负是高尚行为成长的萌芽。

——英格利希

为了高尚的目标，多大的代价我也愿付出。

——罗曼·罗兰

正义是给予每个人他应得的部分的这种坚定而恒久的愿望。

——优士丁尼

人生是一个永不停息的工厂，那里没有懒人的位置。工作吧！创造吧！

——罗曼·罗兰

我希望世界在我去世的时候要比我出生的时候更美好。

——萧伯纳

就是在我们母亲的膝上，我们获得了我们的最高尚最真诚和最远大的理想，但是里面很少有任何金钱。

——马克·吐温

信念是由一种愿望产生的，因为愿意相信才会相信，希望相信才会相信，有一种利益所在才会相信。

——斯特林堡

生活里没有做不到的事，但需要有强烈的愿望，必要时应该不惜生命。

——列·列昂诺夫

人类的心理统统就是这样，而且，似乎永远是这样：愈是得不到手的东西，就愈是想得到它，而且在实现这一愿望的过程中所遇到的困难愈大，奋斗的意志就愈是坚强。

——乔万尼奥里

一旦自私的幸福，变成了人生惟一的目标，人生就会变得没有目标。

——罗曼·罗兰

当一个人因为厌倦的缘故而失去观赏美的东西的愿望的时候，欣赏那种美的要求也不能不消失。

——车尔尼雪夫斯基

没有理想，即没有某种美好的愿望，也就永远不会有美好的现实。

——陀思妥耶夫斯基

光有知识是不够的，还应当运用；光有愿望是不够的，还应当行动。

——歌德

良心是一种内心的感觉，是对于躁动于我们体内的某种异常愿望的抵制。

——弗洛伊德

修养与习惯

XiuYangYuXiGuan

一人勇敢而率真的灵魂，能用自己的眼睛去观照，用自己的心去爱，用自己的理智去判断。不做影子，而做人。

——罗曼·曼兰

怀着善意的人，是不难于表达他对人的礼貌的。

——卢梭

一个人要帮助弱者，应当自己成为强者，而不是和他们一样变成弱者。对于他们已经做了坏事，不妨宽大为怀，如果你愿意。对于他们将做未做的坏事可决不能放松。

——罗曼·罗兰

彬彬有礼的风度，主要是自我克制的表现。

——爱默生

没有经过琢磨的钻石是没有人喜欢的，这种钻石戴了也没有好处。但是一旦经过琢磨，加以镶嵌之后，它们便生出光彩来了。美德是精神上的一种宝藏，但是使他们生出光彩的则是良好的礼仪。

——洛克

这就是纯朴性格的好处：如果说这种性格有时会叫人作出非常笨拙的事情，如果说这种性格在上流社会几乎可以肯定会让具有它的人遭到毁灭，那么从另一方面说，这种性格对于具有相近性格的人来说，它的影响却是迅速的，具有决定性意义的。

——司汤达

有耐心的人，能得到他所期

望的。

——富兰克林

在风度上和在各种事情上一样，惟一不衰老的东西，是心地。心地善良的人单纯朴实。

——巴尔扎克

当一个人是一个真正的人的时候，他就应当与大言不惭和矫揉造作之间保持等距离，既不夸夸其谈，也不扭捏取宠。

——雨果

一切礼仪，都是为了文饰那些虚应故事的行为，言不由衷的欢迎，出尔反尔的殷勤而设立的；如果有真实的友谊，这些虚伪的形式就该一律摈弃。

——莎士比亚

在缺乏教养的人身上，勇敢就会成为粗暴，学识就会成为迂腐，机智就会成为逗趣，质朴就会成为粗鲁，温厚就会成为谄媚。

——洛克

总会发生些情愿与不情愿、知道与不知道、清醒与迷误的那种痛苦与幸福的事儿。但如果心里存在虔诚情感，那么在痛苦中也会得到安宁。否则，便只能在愤怒争吵、妒嫉仇恨、唠唠叨叨中讨活了。

——泰戈尔

浑身刻板死沉、满面阴惨抑郁的人，不论其生相如何，衣饰如何，都是天上人间最坏的人。

——狄更斯

虔诚不是目的，而是手段，是通过灵魂的最纯洁的宁静而达到最高修养手段。

——歌德

生活中最重要的是礼貌，它比最高的智慧，比一切学识都重要。

——赫尔岑

诚实，像我们所有的情操一样，应当分成消极的与积极的两类。消极的诚实在没有发财的机会时，是诚实的。积极的诚实是每天受着诱惑而毫不动心的。

——巴尔扎克

轻蔑，或者说是缺乏适当的敬意。这可以从容色、言辞或姿色上面表现出来。

——洛克

非难别人，找别人的错处，这和礼仪是直接对立的。

——洛克

一个人只要有耐心进行文化方面的修养，就绝不至于蛮横得不可教化。

——贺拉斯

文化修养的目的在于增强和提高鉴赏那些最高尚、最深奥的事物的真和美的能力。

——波伊斯

一个人的礼貌，就是一面照出他的肖像的镜子。

——歌德

一个宽宏大量的人，他的爱心往往多于怨恨，他乐观愉快、豁达、忍让而不悲伤、消沉、焦躁、恼怒；他对自己的伴侣和亲友的不足处，以爱心劝慰，述之以理动之以情，使听者动心，感佩、尊从，这样他们之间就不会存在感情上的隔阂、行动上的对立、心理上的怨恨。

——穆尼尔·纳素夫

探索别人身上的美德，寻找自已身上的恶习。

——富兰克林

真正的谦虚是最高的美德，也即一切美德之母。

——丁尼生

在你过去的生活中，你伤害过谁，也早已忘记了，可是被你伤害的那个人却永远不会忘记你。他决不会记住你的优点，而是记住你对他的伤害。

——戴尔·卡耐基

即使是最深刻的言论，如果一个说的时候态度粗暴，傲慢或者吵吵嚷嚷，即便是在辩论上面获得了胜利，在别人心目中也是难以留下好印象的。

——洛克

一个人应当有良好的礼貌来突出他特有的天性。人人都喜欢出人头地，但这不应当引起别人的讨厌。

——歌德

宁愿做一朵篱下的野花，不愿做一朵受恩惠的蔷薇。与其逢迎献媚，偷取别人的欢心，毋宁被众人所鄙弃。

——莎士比亚

自敬，则人敬之；自慢，则人慢之。

——朱熹

五花八门的粉饰，滔滔不绝的雄辩，不过是冒充强烈信仰的无动于衷的卖弄词藻而已。

——司汤达

许多思想是从一定的文化修养上产生出来的，就如同幼芽是长在绿枝上一样。

——歌德

习气那个怪物，虽然是魔鬼，会吞掉一切的羞耻心，也会做天使，把日积月累的美德善行熏陶成自然而然而令人安之若素的家常便饭。

——莎士比亚

习惯是人的第二本性。它使我们不能认识一个人的主要本性，就这一点而言，习惯既非残忍也不迷人。

——普鲁斯特

习惯没有法律那样明智，可它们往往更盛行。

——狄斯累利

习惯之链的力量很弱，因而往往感觉不到，一旦感觉到了，它已是牢不可摧的了。

——塞缪尔·约翰逊

习惯是智者的祸患、蠢货的偶像。

——托马斯·富勒

在所有古老的习惯里，都有一种深刻的含义。

——席勒

集体的习惯，其力量更大于个人

的习惯。因此如果有一个有良好道德风气的社会环境，是最有利于培训好的社会公民的。

——培根

习惯成自然是个魔术师。它对美丽的东西是残酷的，但是对丑陋的东西却是仁慈的。

——威达

一个人只有在他努力使自己升华时才成为真正的人。

——安德列·马尔罗

习惯之于灵魂犹如血管与脉络之于血液，是它流动的道路。

——布什纳尔

习惯是一个人思想与行为的领导者。

——爱默生

所有的习惯以不可见的程度积聚起来，如百溪汇于川，百川流于海。

——德莱敦

坏的习惯必须打破，好的习惯必须加以培养，然后我们才能希望我们的举止能够坚定不移始终如一地正确。

——富兰克林

好的习惯愈多，则生活愈容易，抵抗引诱的力量也愈强。

——詹姆斯

要想有教养，就要去了解全世界都在谈论和思索的最美好的东西。

——马·阿诺德

并不是由于决心才正确、应该由于习惯而正确。不仅能做正确的事，而且养成不是正确的事就做不了的习惯。

——华兹华斯

好习惯是一个人在社会交场中所能穿着的最佳服饰。

——苏格拉底

在儿童时期没有养成思想的习惯，将使他从此以后一生都没有思想的能力。

——卢梭

优良的品德是内心真正的财富，而衬显这品行的是良好的教养。

——洛克

我们可能把幻想作为伴侣，但必须以理智作为我们指引。

——约翰逊

让我们首先遵循理智吧，它是可靠的向导。

——法朗士

理智是一切力量中最强大的力量，是世界上惟一自觉活动着的力量。

——高尔基

理智一旦产生，支配它们的，那便是美德。

——蒙田

理智是人的最高天赋，是人本质上区别于低级动物的特征。

——海克尔

如果我们生命的天平秤上，一边没有“理智”的秤盘平衡另一边“情欲”的秤盘，那么我们身上下流的欲念就会把我们引导到荒唐透顶的结局。

——莎士比亚

经常讲究服饰华丽永远意味着理智的萎缩。

——拉吉舍夫

理智是一颗冷酷的太阳，它放射光明，可是教人眼花，看不见东西。在这种没有水分与阴影的光明底下，心灵会褪色，血会干枯的。

——罗曼·罗兰

要想让一切都服从你，你就必须首先服从理智。

——塞内加

没有理智的支配，任何事物都不会持久。

——昆图斯

我们航行在生活的海洋上，理智是罗盘，感情是大风。

——蒲柏

应该信赖自己的理智，从生活的合乎情理的现象出发。

——马卡连科

人每违背一次理智，就会受到理智的一次惩罚。

——霍布斯

没有理智决不会有理性的生活。

——斯宾诺莎

理智不能用大小或高低来衡量，而应该用原则来衡量。

——爱比克泰德

人的理智就好像一面不平的镜子，由于不规则地接受光线，因而把事物的性质和自己的性质搅混在一起，使事物的性质受到了歪曲，改变了颜色。

——培根

理智可以说是生命的光和灯。

——西塞罗

理智是天神赋与凡人最有价值的财宝。

——索福克勒斯

一个有理智的人恋爱时，可能像一个狂人，但他决不会像一个傻子。

——罗休夫柯

冷酷无情的理智是一把除了捣毁之外毫无用处的锤子。它有时就像冷酷的心一样有害和可恨。

——诺贝尔

全是理智的心，恰如一柄全是锋刃的刀。它叫使用它的人手上流血。

——泰戈尔

当感情支配一切的时候，理智就显得无能为力。

——约·德莱顿

理智的人使自己适应这个世界；不理智的人却硬要世界适应自己。

——萧伯纳

疯子并不是失去理智的人，而是除了理智其他一切都丢失的人。

——切斯特顿

狂热者的脑袋里没有理智的地盘。

——拿破仑

别的动物也都具有智力、热情，理性只有人类才有。

——毕达哥拉斯

慷慨，尤其是还有谦虚，就会使人赢得好感。

——歌德

使一个人伟大，并不在富裕和门第，而在于可贵的行为和高尚的品行。

——奥维

品格可能在重大的时刻中表现出来，但它却是在无关重要的时刻形成的。

——菲利普斯·布鲁克斯

最有美德的人，是那些有美德而不从外表表现出来，仍然感到满足的人。

——柏拉图

对于美德，我们仅止于认识是不够的，我们还必须努力培养它，运用它，或是采取种种方法，以使我们成为良善之人。

——亚里士多德

那些立身扬名出类拔萃的，他们凭借的力量是德行，而这也正是我的力量。

——贝多芬

美德有如名香，经燃烧或压榨而其香愈烈：盖幸运最能显露恶德，而厄运最能显露美德也。

——培根

人的美德的荣誉比他财富的名誉不知大多少倍。岂不见多少人在钱财上一贫如洗，但在美德上却是富豪呢？

——达·芬奇

不要从特殊的行动中去估量一个人的美德，而应从日常的生活行为中去观察。

——帕斯卡

才能可以在独处中培养，品格最好还是在世界上的汹涌波涛中形成。

——歌德

不管时代的潮流和社会的风尚怎样，人总可以凭着自己高贵的品质，超脱时代和社会，走自己正确的道路。

——爱因斯坦

没有伟大的品格，就没有伟大的人，甚至也没有伟大的艺术家、伟大的行动者。

——罗曼·罗兰

假如有人出卖生命水，要别人以人格作代价，聪明人决不肯买；因为耻辱地活着不如光荣地死去。

——萨迪

衡量一个人的真正品格，是看他在知道没有人会发觉的时候做什么。

——孟德斯鸠

人在达到德性的完备时是一切动物中最出色的动物；但如果他一意孤行，目无法律和正义，他就成为一切禽兽中最恶劣的禽兽。

——亚里士多德

读史使人明智，读诗使人聪慧，演算使人精密，哲理使人深刻，伦理学使人有修养，逻辑修辞使人善辩。

——培根

由智慧养成的习惯成为第二天性。

——培根

一般人都是依据爱好去想，依据学识及吸收的见解去说，但通常都依据习俗去做。

——培根

礼节太繁，执意把过分的，别人受不了感到愚蠢，惭愧的礼节强加给别人，这种情形看起来与其说是尊重人家，还不如说是嘲弄人家。

——洛克

没有一种礼貌会在外表上叫人一眼就看出教养的不足，正确的教育在于使外表上的彬彬有礼和人的高尚的教养同时表现出来。

——歌德

我们不应该把自己想得太好，以致把自己的价值估计得高；

我们也不可因为自己具有某些长处,别人没有,便以为应在别人面前占优势;我们只应该在我们的本分以内谦逊地接受别人对于我们的给予。

——洛克

一个骄傲的人,结果总是在骄傲里毁灭了自己。

——莎士比亚

凡过于把幸运之事归功于自己的聪明和智谋的人多半是结局很不幸的。

——培根

谦虚是不可缺少的品德。

——孟德斯鸠

谨慎比大胆要有力量得多。

——雨果

切忌浮夸铺张。与其说得过分,不如说得不全。

——列夫·托尔斯泰

成功的第一个条件是真正的虚心,对自己的一切敝帚自珍的成见,只要看出同真理冲突,都愿意放弃。

——斯宾塞

当我们是大为谦卑的时候,便是我们最近于伟大的时候。

——泰戈尔

自负对任何艺术都是一种毁灭。骄傲是可怕的不幸。

——季米特洛夫

真正的谦虚只能是对虚荣心进行了深思以后的产物。

——柏格森

谦虚的学生珍视真理,不关心对自己个人的颂扬;不谦虚的学生首先想到的是炫耀个人得到的赞誉,对真理漠不关心。思想史上载明,谦虚几乎总是和学生的才能成正比例,不谦虚则成反比。

——普列汉诺夫

我们各种习气中再没有一种像克服骄傲那么难的了。虽极力藏匿它,克服它,消灭它,但无论如何,它在不知不觉之间，仍旧显露。

——富兰克林

要在座的人都停止了说话的时候，有了机会，方才可以谦逊地把问题提出，向人学习。

——洛克

不谦虚的话只能有这个辩解，即缺少谦虚就是缺少见识。

——富兰克林

一切真正的和伟大的东西，都是纯朴而谦逊的。

——别林斯基

大多数的科学家，对于最高级的形容词和夸张手法都是深恶痛绝的，伟大的人物一般都是谦虚谨慎的。

——贝弗里奇

构成我们学习最大障碍的是已知的东西，而不是未知的东西。

——贝尔纳

伟大的人是决不会滥用他们的优点的，他们看出他们超过别人的地方，并且意识到这一点，然而绝不会因此就不谦虚。他们的过人之处越多，他们越认识到他们的不足。

——卢梭

我们的骄傲多半是基于我们的无知！

——莱辛

卑鄙和高傲的动机只会满足愚人、武夫、人类的侵略者和掠夺者的贪欲，人们应当放弃这种动机，不要让这些诱人的饮料再麻醉那些自命不凡之徒！

——圣西门

骄傲的人必然嫉妒，他对于那最以德性受人称赞的人便最怀忌恨。

——斯宾诺莎

一个人如果把从别人那里学来的东西算作自己的发现，这也很接近于虚骄。

——黑格尔

蠢材妄自尊大，他自鸣得意的，正好是受人讥笑奚落的短处，而且往往把应该引为奇耻大辱的事，大吹大擂。

——克雷洛夫

无论在什么时候，永远不要以为自己已经知道了一切。不管人们把你们评价的多么高，但你们永远要有勇气对自己说：我是个毫无所知的人。

——巴甫洛夫

不管我们的成绩有多么大，我们仍然应该清醒地估计敌人的力量，提高警惕，决不容许在自己的队伍中有骄傲自大、安然自得和疏忽大意的情绪。

——斯大林

最大的骄傲与最大的自卑都表示心灵的最软弱无力。

——斯宾诺莎

骄傲的人喜欢见依附他的人或谄媚他的人，而厌恶见高尚的人。……而结果这些人愚弄他，迎合他那软弱的心灵，把他由一个愚人弄成一个狂人。

——斯宾诺莎

自卑虽是与骄傲反对，但实际却与骄傲最为接近。

——斯宾诺莎

显而易见，骄傲与谦卑是恰恰相反的，可是它们有同一个对象，这个对象就是自我。

——休谟

无论是别人在跟前或者自己单独的时候，都不要做一点卑劣的事情：最要紧的是自尊。

——毕达哥拉斯

科学与天才

KeXueYuTianCai

科学既是人类智慧的最高成果，又是最有希望的物质福利的源泉。

——贝尔纳

科学技术史表明，过多的知识信息有时反倒会妨碍和限制创新。

——朗加明

科学的基础是健康的身体。

——居里夫人

科学就是整理事实，以便从中得出普遍的规律或结论。

——达尔文

科学是使人的精神变得勇敢的最好途径。

——布鲁诺

人借助于科学，就可纠正自然界的缺陷。

——梅契尼科夫

在科学上没有平坦的大道，只有不畏艰险沿着陡峭山路攀登的人，才有希望达到光辉的顶点。

——马克思

科学始终是不公道的。如果它不提出十个问题，也就永远不能解决一个问题。

——萧伯纳

优秀的科学家必定是某种程度的狂人。

——卡皮察

科学不能或者不愿影响到自己

民族以外，是不配称作科学的。

——普朗克

科学是没有国界的，因为它是属于全人类的财富，是照亮世界的火把；但学者属于祖国。

——巴斯德

科学总是革命的、非正统的，这是它的本性；只有科学在睡大觉时才不如此。

——萨尔顿

没有思想自由，就没有科学，没有真理。

——勒南

再没有别的任何艺术或科学，比战争艺术或战争科学更困难的了。

——劳埃德

在科学思维中常常伴着诗的因素，真正的科学和真正的音乐要求同样的想象过程。

——爱因斯坦

真正的科学家应当是个幻想家；谁不是幻想家，谁就只能把自己称为实践家。

——巴尔扎克

一旦科学插上幻想的翅膀，它就能赢得胜利。

——法拉第

无知者比有知者更自信。只有无知者才会自信地断言，科学永远不能解决任何问题。

——达尔文

所有的科学都是错误先真理而生，错误在先比错误在后好。

——沃尔波斯

科学给予人类最大的礼物是什么？是使人类相信真理的力量。

——昆布顿

科学的永恒性就在于坚持不懈地寻求之中，科学就其容量而言，是不枯竭的，就其目标而言，是永远不可企及的。

——卡·冯·伯尔

热爱实践而又不讲求科学的人，就好象一个水手进了一只没有舵或罗盘的船，他从来不肯定他往哪里走。

——达·芬奇

知识不存在的地方，愚蠢便自命为科学。

——萧伯纳

正像新生的婴儿一样，科学的真理必将在斗争中不断发展，广泛传播，无往而不胜。

——富兰克林

没有时间思索的科学家，那是一个毫无指望的科学家，他如果不能改变自己的日常生活制度，挤出足够的时间去思索，那他是最好放弃科学。

——柳比歇夫

科学地探求真理，要求我们的理智永远不要狂热地坚持某种假设。

——莫洛亚

科学是到处为家的，不过只是任何不播种的地方，它是不会使其丰收的。

——赫尔岑

科学不是可以不劳而获的——诚然，在科学上除了汗流满面是没有其他获致的方法的；热情也罢，幻想也罢，以整个身心去渴望也罢，都不能代替劳动。

——赫尔岑

科学的探讨与研究，其本身就含有至美，其本身给人的愉快就是报酬；所以我在我的工作里面寻得了快乐。

——居里夫人

读书是最好的学习。追随伟大人物的思想，是最富有趣味的一门科学。

——普希金

科学的真理不应该在古代圣人的蒙着灰尘的书上去找，而应该在实验中和以实验为基础的理论中去找。真正的哲学是写在那本经常在我们眼前打开着的最伟大的书里面的，这本书就是宇宙，就是自然界本身，人们必须去读它。

——伽利略

科学是到处为家的，不过，在任何不播种的地方，是决不会得到丰收的。

——赫尔岑

科学的惟一目的是减轻人类生存的苦难，科学家应为大多数人着想。

——伽利略

追求科学需要特殊的勇敢。

——伽利略

科学就是不断地认识，不仅是发现，而且是发明。

——鲁巴金

科学给人以确实性，也给人以力量。只依靠实践而不依靠科学的人，就像行船人不用舵与罗盘一样。

——丹皮尔

科学是人生中最重要、最美好和最需要的东西。

——契诃夫

科学是对付狂热和狂言的有效的解毒剂。

——史密斯

科学的未来只能属于勤奋而谦虚的年轻一代！

——巴甫洛夫

科学的进步取决于科学家的劳动和他们的发明的价值。

——巴斯德

科学是非常爱妒忌的，科学只把最高的恩典赐给专心致志地献身于科学的人。

——费尔巴哈

热爱科学就是热爱真理，因此，诚实是科学家的主要美德。

——费尔巴哈

在任何科学上的雏形，都有它双重的形象：胚胎时的丑恶，萌芽时的美丽。

——雨果

科学的领域是广大的，人类的生命却是很短的。

——巴尔扎克

打开一切科学的钥匙毫无异议的是问号，我们大部分的伟大发现应归功于“如何”，而生活的智慧大概就在于逢事都问个“为什么”。

——巴尔扎克

幻想是诗人的翅膀，假设是科学家的天梯。

——歌德

就科学来讲，把前人获得的零星的真理找出来进一步加以发展，就是当之无愧理应受到奖赏的功劳。

——歌德

在科学上重要的是研究出来的“东西”，不是研究者的“个人”。

——居里夫人

科学还不只在智慧训练上是最好的，在首选训练上也是一样。

——斯宾塞

你要知道科学方法的实质，不要去听一个科学家对你说些什么，而要仔细看他在做什么。

——爱因斯坦

在科学上，每一条道路都应该走一走，发现一条走不通的道路，就是对科学的一大贡献。……那种证明“此路不通”的吃力不讨好的工作，就让我来做吧！

——爱因斯坦

人类所抱有的疑念，就是科学的萌芽。

——爱默生

艺术和科学的价值在于没有私欲的服务，在于为亿万人的利益服务。

——罗斯金

真正的科学不知道同情，也不知道厌恶，它的惟一目的就是真理。

——格罗夫

感谢科学，它不仅使生活充满快乐与欢欣，并且给生活以支柱和自尊心。

——巴甫洛夫

要学会做科学的苦工；其次，要谦虚；第三要有热情。记住，科学需要人的全部生命。

——巴甫洛夫

科学不会舍弃真诚爱它的人们。

——季米里亚捷夫

无论鸟的翅膀是多么完美，如果不凭借着空气，它是永远不会飞翔高空的。事实就是科学家的空气。

——巴甫洛夫

科学的种子，是为了人民的收获而生长的。

——门捷列夫

当科学达到某个高峰的时候，它的面前会出现通向新的高峰的广阔前景，通向进一步发展的崭新道路。

——瓦维洛夫

科学的真正的与合理的目的在于造福于人类生活，用新的发明和财富丰富人类生活。

——培根

科学是使人变得勇敢的最好途径。

——布鲁诺

任何人都承认实验是科学之母，这是确定不移的真理，谁也不会否认。

——米丘林

如果没有系统的知识的帮助，先天的才能是无力的。直观能解决很多事，但不是一切。天才和科学结合后才能得到最高的成功。

——斯宾塞

科学的大胆的活动是没有止境的，也不应该有止境。

——高尔基

一切自然科学知识都是从实际生活需要中得出来的。

——阿累尼乌斯

良好的方法能使我们更好地发挥运用天赋的才能，而拙劣的方法则可能阻拦才能的发挥。因此，科学中难能可贵的创造性才华，由于方法拙劣可能被削弱，甚至被扼杀；而良好的方法则会增长、促进这种才华。

——贝尔纳

有两种人是在白白地劳动和无谓地努力：一种是积累了财富而不去使用的人，另一种是学会了科学而不去应用的人。

——萨迪

如果学习只在于模仿，那么我们就不会有科学，也不会有技术。

——高尔基

在科学著作中，你最好读最新的书，在文学著作中，你最好读最老的书。古典文学作品永远不会衰老。

——布尔韦尔·利顿

德行使心灵明晰，使人不仅更易了解德行，而且也更易了解科学的真理。

——罗吉尔·培根

道德应当成为科学的指路明灯。

——布夫勒

智慧不属于恶毒的心灵，没有良心的科学只是灵魂的毁灭。

——拉伯雷

在科学上进步而道义上落后的人，不是前进，而是后退。

——亚里士多德

哲学是理性和科学的朋友，而神学是理性的敌人和无知的庇护者。

——狄德罗

真理只有一个，它不在宗教中，而是在科学中。

——达·芬奇

科学是使人精神变得勇敢的最好途径。

——布鲁诺

不要因为长期埋头科学而失去

对生活对美对诗意的感受能力。

——达尔文

当科学家们被权势吓倒，科学就会变成一个软骨病人。

——伽利略

科学的自负比起无知的自负来还只能算是谦虚。

——斯宾塞

一个科学家应该考虑到后世的评论，不必考虑当时的辱骂或称赞。

——巴斯德

要学会做科学中的粗活。要研究事实，对比事实，积聚事实。

——巴甫洛夫

人类看不见的世界，并不是空想的幻影，而是被科学的光辉照射的实际存在。尊贵的是科学的力量。

——居里夫人

在科学上最好的助手是自己的头脑，而不是别的东西。

——法布尔

科学家一旦做出成绩，就应该忘记自己所做的事情，而经常去考虑他应该做的事情。

——费希特

一个人在科学探索的道路上走过弯路犯过错误并不是坏事，更不是什么耻辱，要在实践中勇于承认和改正错误。

——爱因斯坦

科学家必须在庞杂的经验事实中抓住某些可用精密公式来表示的普遍特征，由此探求自然界的普遍原理。

——爱因斯坦

科学决不是也永远不会是一本写完了的书。每一项重大成就都会带来新的问题。任何一个发展随着时间的推移都会出现新的严重的困难。

——爱因斯坦

科学研究能破除迷信，因为它鼓励人们根据因果关系来思考和观察事物。

——爱因斯坦

科学是永无止境的，它是一个永恒之谜。

——爱因斯坦

我们所能经历的最美好的事情是神秘，它是所有真正的艺术和科学的源泉。

——爱因斯坦

科学的界限就像地平线一样：你越接近它，它挪得越远。

——布莱希特

科学家不创造任何东西，而是揭示自然界中现成的隐藏着的真实，艺术家创造真实的类似物。

——冈察洛夫

科学要求一切人不是别有用心而心甘情愿地献出一切，以便领受冷静的知识的沉甸甸的十字勋章这个奖赏。

——赫尔岑

科学决不能不劳而获，除了汗流满面而外，没有其他获得的方法。热情幻想以整个身心去渴望，都不能代替劳动，世界上没有一种"轻易的科学"。

——赫尔岑

传播知识就是播种幸福。……科学研究的进展及日益扩大的领域将唤起我们的希望，而存在于人类身心上的细菌也将逐渐消失。

——诺贝尔

一切真正的天才，都能够蔑视诽谤；他们天生的特长，使批评家不能信口开河。

——克雷洛夫

泥土和天才比，当然是不足齿数的，然而不是艰苦卓绝者，也怕不容易做；不过事在人为，比空等天赋的天才有把握。这一点，是泥土的伟大的地方，也是反有大希望的地方。

——鲁迅

无论哪一行，都需要职业的技

能。天才总应该伴随着那种导向一个目标的、有头脑的、不间断的练习，没有这一点，甚至连最幸运的才能，也会无影无踪地消失。

——德拉克罗瓦

最大的天才尽管朝朝暮暮躺在青草地上，让微风吹来，眼望着天空，温柔的灵感也始终不光顾他。

——黑格尔

天才的作品是用眼泪灌溉的。

——巴尔扎克

有了天才不用，天才一定会衰退的，而且会在慢性的腐朽中归于消灭。

——克雷洛夫

天才就是这样，终身努力，便成天才。

——门捷列夫

天才免不了有障碍，因为障碍会创造天才。

——罗曼·罗兰

没有伟大的愿望，就没有伟大的天才。

——巴尔扎克

天才就是最强有力的牛，他们一刻不停地一天工作十八小时。

——于尔·勒纳

轻易地完成别人难以完成的工作是才能；完成有才能的人力所不能及的工作是天才。

——阿米尔

天才就是回避艰苦工作的能力。

——埃·哈伯德

天才是各个时代都有的；可是，除非待有非常的事变发生，激动人们，使有天才的人出现，否则赋有天才的人会僵化。

——狄德罗

在所有的批评中，最伟大、最正确、最天才的是时间。

——别林斯基

规章与模范会毁灭天才与艺术。

——赫兹里特

只有有天才的人才能发现天才的幼芽，发展这些幼芽，并善意地给予他们以必要的援助。

——圣西门

必须让有天才的人独立，而人类应当深刻地掌握一条真理，即人类要使有天才的人成为火炬，而不要让他们放弃真正的使命。

——圣西门

智慧，勤劳和天才，高于显贵和富有。

——贝多芬

在热情的激昂中，灵魂的火焰才有足够的力量把造成天才的各种材料熔冶于一炉。

——司汤达

修凿可以使道路平直，但只有崎岖的未经修凿的道路，才是天才的道路。

——布莱克

人才进行工作，而天才则进行创造。

——舒曼

敏感从来不是伟大天才的优良品质，伟大天才所喜爱的是准确。

——狄德罗

独立性是天才的基本特征。

——歌德

不应嫉妒天才人物，就像不应该嫉妒太阳一样。

——尤里·邦达列夫

天才是百分之一的灵感加上百分之九十九的勤奋。

——爱迪生

所谓天才，那就是假话，勤奋的工作才是实在的。

——爱迪生

首先和最后要求于天才的事，就是热爱真理。

——歌德

许多天才因缺乏勇气而在这世界消失。每天，默默无闻的人们被送入坟墓，他们由于胆怯，从未尝试着努力过；他们若能接受诱导起步，就很有可能功成名就。

——席巴·史密斯

勇敢里面有天才、力量和魔法。

——歌德

世界上的事物永远不是绝对的，结果完全因人而异，苦难对于天才是一块垫脚石，对能干的人是一笔财富，对弱者是一个万丈深渊。

——巴尔扎克

所谓天才，就是比任何人都能抵挡痛苦的先驱本领。

——卡莱尔

生命力同人性一样普通；但是，生命力也和人性一样有时是相当于天才的……

——肖伯纳

天才与美女，都注定要放出灿烂的光芒引人注目，惹人妒羡，招人毁谤的。

——巴尔扎克

一个有天才的朋友可以通过感情领会，和他并驾齐驱。一个常人有感情作基础，就可以比倒最伟大的艺术家。这说明女人为什么爱着一些“蠢才”。

——巴尔扎克

和天才一起生活，就等于不坐在包厢里欣赏那动人的歌剧，却跑到后台去看那布景的机关。

——巴尔扎克

对自己不满足，是任何真正有天才的人的根本特征。

——契诃夫

天才不过是不断的思索，凡是有脑子的人，都有天才。

——莫泊桑

天才永远存在人民中间，就像火藏在燧石里一样，只要具备了条件，这种死的石头就能够发出火来。

——司汤达

任何天才不能在孤独的状态中发展。

——席勒

在这个世界上，良心应该更大于天才。巴尔扎克说：良心比天才更难得。良心是我们自己对自己的反应。

——弗洛姆

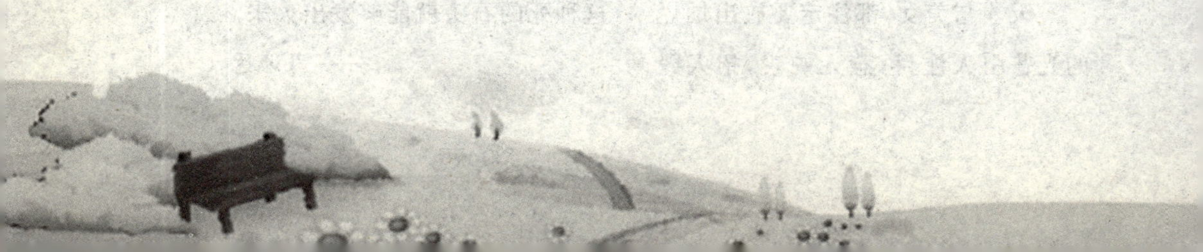

成功与失败

ChengGongYuShiBai

成功的秘诀，在于随时随地把握时机。

——宙斯累利

在获得成功之前，每个人都有自负的权利。

——宙斯累利

人们为自己做出了漂亮的事情而沾沾自喜，但是事情的成功往往是由于侥幸，而不是预先设计好的。

——拉罗什富科

最初的奋力一击，是战争成功的分水岭。

——高尔史密斯

懒惰受到的惩罚不仅仅是自己的失败，还有别人的成功。

——米尔·勒纳尔

用赢得的权力的品质来维护权力，就很容易获得成功。

——萨卢斯特

凭着切实有用的知识与坚忍不拔，是最常造就成功的品性。

——戴尔·卡耐基

温和比强暴更有希望获得成功。

——拉封丹

战争重要的是求取政治上的成果，而不是军事上的成功。

——蒙森

在懦夫和犹豫不决者眼里，任何

事情看上去都是不会成功的。

——司各特

成功好比一张梯子，“机会”是梯子两侧的长柱，“能力”是插在两个长柱之间的横木。只有长柱没有横木，梯子没有用处。

——狄更斯

伟大的才能比伟大的成功更不寻常。

——沃维纳格

荣誉妒忌成功，而成功却以为自己就是荣誉。

——罗斯唐

成功的秘诀是在于恒心。

——宙斯累利

要想做一个真正的英雄是没有选择余地的，往往是要么成功要么成仁。

——希契科克

谬误有多种多样，而正确却只有一种，这就是为什么失败容易成功难、脱靶容易中靶难的缘故。

——亚里士多德

人类第一个国王乃是一名成功的士兵，国家的功臣无需有荣耀的祖先。

——伏尔泰

明智的人决不坐下来为失败而哀号，他们一定乐观地寻找办法来加以挽救。

——莎士比亚

这世界除了心理上的失败，实际上并不存在什么失败，只要不是一败涂地，你一定会取得胜利的。

——亨·奥斯汀

败而不馁，就是胜利。

——埃·哈伯德

大家都畏惧的人，等待他的将是身败名裂。

——奥维德

失败是坚韧的最后考验。

——俾斯麦

大多数人是保守的，不轻易相信新事物，但能容忍对现实中的众多失败。

——卡莱尔

一个击败狂热者恰恰因为是他本人并不狂热，正相反，他充分运用了自己智力。

——乔治·奥威尔

不管先人是多么富贵，一个败家子就足以损坏门楣。

——拜伦

千万人的失败，都不是失败在做事不彻底；往往做到离成功尚差一步就终止不做了。

——莎士比亚

不论成功还是失败，都是系于自己。

——朗费罗

人在意志力和斗争性方面的长处或短处，往往是导致他们成功或失败的重要原因之一。

——哈代

我们破灭的希望，流产的才能，失败的事业，受了挫折的雄心，往往积聚起来变为忌妒。

——巴尔扎克

一个人失败的原因，在于本身性格的缺点，与环境无关。

——毛佛鲁

在所有的失败中，想说俏皮话却没有说成是最大的失败，而说得拖泥带水则是更惨的失败。

——兰多尔

一个生意人不想破产，好比一个将军永远不预备吃败仗，只自得半个商人。

——巴尔扎克

世上只有两种力量：利剑和思想。从长而论，利剑总是败在思想手下。

——拿破仑

被人揭下面具是一种失败，自己揭下面具却是一种胜利。

——雨果

没有十全十美，也没有人不可或缺，每个人都有这种或那种弱点。当他失败时，这种弱点将会缓解他的沉痛之情。

——拉布吕耳尔

成功可招引朋友，挫败可考验朋友。

——西拿斯

喜爱人生的人绝不是失败者。

——费德

实验上的失败，可能成为发现的开端。

——巴甫洛夫

经验告诉我们成功和能力的关系少，和热心的关系大。

——贝克登

一个羞赧的失败比一个骄傲的成功还要高贵。

——纪伯伦

自信就是成功的第一秘诀。

——爱默生

成功是战胜艰难险阻的奋斗结晶。

——史密斯

成功并不是重要的事，重要的是努力。

——加费罗

成功网罗着大量的过失。

——萧伯纳

一次失败，只是证明我们成功的决心还不够坚强。

——博维

失败也是我需要的，它和成功对我一样有价值。

——爱迪生

一个成功的人是以幽默感对付挫折的。

——詹姆斯·潘

当一个人一心一意做好事情的时候，他最终是必然会成功的。

——卢梭

发现的历史表明，机遇起着重要的作用，但另一方面，即使在那些因机遇而成功的发现中，机遇也仅仅起到一部分的作用。

——贝弗里奇

当机会呈现在眼前时，若能牢牢掌握，十之八九都可以获得成功而能克服偶发事件，并且替自己找寻机会的人，更可以百分之百的获得胜利。

——卡耐基

世上真不知有多少能够成功立业的人，都因为把难得的时间轻轻放过而致默默无闻。

——莫泊桑

天下绝无不热烈勇敢地追求成功，而能取得成功的人。

——拿破仑

只有人类精神能够蔑视一切限制，想信它的最后成功，将它的探照灯照向黑暗的远方。

——泰戈尔

像母亲有时为她所分娩的亲爱生物而牺牲一样，我们不应该爱惜自己，应该准备为它的成功而捐弃我们的生命。

——左拉

成功的第一个条件就是要有决心；而决心要下得迅速干脆果断又必须具有成功的信心。

——大仲马

凡是自强不息者，最终都会成功。

——歌德

本来无望的事，大胆尝试，往往能成功。

——莎士比亚

执着追求并从中得到最大快乐的人，才是成功者。

——梭罗

只要有一种无穷的自信充满了心灵，再凭着坚强的意志和独立不羁的才智，总有一天会成功的。

——莫泊桑

要在这个世界上获得成功，就必须坚持到底；剑至死都不能离手。

——伏尔泰

坚忍是成功的诀窍。

——狄斯累利

当你希望成功，当以恒心为良友。

——爱迪生

应该懂得这样一个道理：要努力，努力，再努力；如果开始不成功，还要努力，努力，再努力。

——威·希克森

机会是极难得的，但他具备三大成功的条件，那就是像鹿一般会跑的腿，逛马路的闲功夫，和犹太人那样的耐性。

——巴尔扎克

不光荣的成功好像一道不加佐料的菜，可以填饱肚子，但没有好味道。

——乔佩特诺

成功的秘诀，在于永不改变既定的目的。

——卢梭

没有经过实践检验的理论，不管它多么漂亮，都会失去分量，不会为人所承认；没有以有分量的理论作基础的实践一定会遭到失败。

——门捷列夫

成功的奥秘在于目标的坚定。

——宙斯雷利

良好的开端，等于成功的一半。

——柏拉图

真实是人生的命脉，是一切价值的根基，又是商业成功的秘诀，谁能信守不渝，就可以成为。

——德莱塞

一个不注意小事情的人，永远不会成功大事业。

——卡耐基

错误经不起失败，但是真理却不怕失败。

——泰戈尔

一个人要发现卓有成效的真理，需要千百万个人在失败的探索和悲惨的错误中毁掉自己的生命。

——门捷列夫

伟大的尝试，即使失败了，也是壮美的。

——文森特·隆巴迪

失败固然痛苦，但更糟糕的是从未去尝试。

——西奥多·罗斯福

为伟大的事业捐躯，从来就不能算作是失败。

——拜伦

许多赛跑的失败，都是失败在最后的几步。跑“应跑的路”已经不容易，“跑到尽头”当然更困难。

——苏格拉底

成就是结果，而不是目的。

——福楼拜

当小鸡尚未孵出时，不要计算你有了多少只。

——雷里

一个人的意义不在于他的成就，而在于他所企求成就的东西。

——纪伯伦

成功网罗着大量的过失。

——萧伯纳

什么叫作失败？失败是到达较佳境地的第一步。

——菲里浦斯

失败是坚忍的最后考验。

——俾斯麦

对于不屈不挠的人来说，没有失败这回事。

——俾斯麦

没有坚定不移的信心，任何行动都会失败。

——华·欧文

读书与学习

DuShuYuXueXi

经验丰富的人读书用两只眼睛，一只眼睛看到纸面上的话，另一眼睛看到纸的背面。

——歌德

书籍是人类知识的总统。

——莎士比亚

读书之法，在循序而渐进，熟读而精思。

——朱熹

路漫漫其修道远，吾将上下而求索。

——屈原

书到用时方恨少，事非经过不知难。

——陆游

立身以立学为先，立学以读书为本。

——朱熹

三人行，必有我师焉。择其善者而从之，其不善者而改之。

——孔子

知之者不如好之者，好之者不如乐之者。

——孔子

业精于勤，荒于嬉；行成于思，毁于随。

——韩愈

书籍的使命是帮助人们认识生活，而不是代替思想对生活的认识。

——科尔查克

好书有不朽的能力，它是人类活动最丰硕长久的果实。

——史美尔斯

书籍是人类知识的总结。

——莎士比亚

各种各样的蠢事，在每天阅读好书的作用下，仿佛烤在火上的纸一样渐渐燃尽。

——雨果

喜爱读书，就等于把生活中寂寞无聊的时光换成巨大享受的时刻。

——孟德斯鸠

书籍是最有耐心、最能忍耐和最令人愉快的伙伴。在任何艰难困苦的时刻，它都不会抛弃你。

——史美尔斯

读书和学习是在别人思想和知识的帮助下，建立起自己的思想和知识。

——普希金

独学而无友，则孤陋而寡闻。

——孔子

书籍是屹立在时间的汪洋大海中的灯塔

——惠普尔

爱护书籍吧，它是知识的源泉。

——高尔基

书是世界宝贵财富，是国家和历史的优秀遗产。

——梭罗

读了一本书，就像对生活打开了一扇窗户。

——高尔基

读书给人以乐趣，给人以光彩，给人以才干。

——培根

喜欢读书，就等于把生活中寂寞的辰光换成巨大享受时刻。

——孟德斯鸠

读书不是为了雄辩和驳斥，也不是为了轻信和盲从，而是为了思考和权衡。

——培根

有时候读书是一种巧妙地避开思考的方法。

——赫尔普斯

不加思考地滥读或无休止地读书，所读过的东西无法刻骨铭心，其大部分终将消失殆尽。

——叔本华

书籍对于人类原有很重大的意义……但，书籍不仅对那些不会读书的人是毫无用处，就是对那些机械地读完了书还不会从死的文字中引申活的思想的人也是无用的。

——乌申斯基

我们可以由读书搜集知识，但必须利用思考把糠和麦子分开。

——富斯德

有阅读能力而不愿读好书的人，和文盲没有两样。

——马克·吐温

当一个伟大的思想作为一种福音降临这个世界时，它对于受陈规陋习羁绊的大众会成为一种冒犯，而在那些读书不少但学识不深的人看来，却是一桩蠢事。

——歌德

一种纯粹靠读书学来的真理，与我们的关系，就像假肢、假牙、蜡鼻子甚或人工植皮。而由独立思考获得的真理就如我们天生的四肢：只有它们才属于我们。

——叔本华

她应该增进知识。对安托瓦内特来说，的确到了认真读书的时候了。一天两小时不算太多，这会使她机灵些，让她在一天二十四个时的其余二十二小时中更有头脑。

——茨威格

读书越多，留存在脑中的东西越少，两者适成反比。读书多，他的脑海就像一块密密麻麻重重叠叠涂抹的黑板一样。

——叔本华

读书对于我来说是驱散生活中的不愉快的最好手段。没有一种苦恼是读书所不能驱散的。

——孟德斯鸠

要是童年的日子能重新回来，那我一定不再浪费光阴，我要把每分每秒都用来读书！

——泰戈尔

一个人不能骑两匹马，骑上这匹，就要丢掉那匹。聪明人会把凡是分散精力的要求置之度外，只专心致志地去学一门，学一门就要把它学好。

——歌德

我认为人生最美好的主旨和人类生活最幸福的结果，无过于学习了。

——巴尔扎克

把学问过于用作装饰是虚假；完全依学问上的规则断事是书生的怪癖。

——培根

好奇心是学者的第一美德。

——居里夫人

应当记忆的不是结论，而是方法。方法是有弹性的，它可以在生活的任何场合应用，而结论呢，因为它和某种特定的条件有联系，它是一种凝固的东西。

——艾·拉斯克尔

没有求知欲的学生，就像没有翅膀的鸟儿。

——萨迪

才学如果不用就会永远埋没。沉香要放在火上，麝香要研成细末。

——萨迪

游手好闲地学习，并不比学习游手好闲好。

——约翰·贝勒斯

学习必须与实干相结合。

——泰戈尔

好学的人必成大器。

——林肯

我们知道的东西是有限的，我们不知道的东西则是无穷的。

——拉普拉斯

当你还不能对自己说今天学到了什么东西时，你就不要去睡觉。有时候我们从别人的错误中学到的东西，可能要比从他们的优点中学到的东西更多。

——朗费罗

如果你知道得比我多，你就教给我；如果你知道得比我少，那就向我学。

——贺拉斯

如果没有充分领会前面的东西，就决不要动手搞后面的东西。

——巴甫洛夫

勤勉而顽强地钻研，永远可以使你百尺竿头更进一步。

——舒曼

看书和学习——是思想的经常营养，是思想的无穷发展。

——冈察洛夫

如果一个人倾其所有金钱以求学问，那么他脑子所藏的东西，是没有人可以拿走的。

——富兰克林

学习这件事不在乎有没有人教你，最重要的是在于你自己有没有觉悟和恒心。

——法布尔

学习有如母亲一般慈爱，它用纯洁和温柔的欢乐来哺育孩子，如果向它要求额外的报酬，也许就是罪过。

——巴尔扎克

读书补天然之不足，经验又补读书之不足。

——培根

书籍是思想的航船，在时代的波涛中破浪前进。它满载贵重的货物，运送给一代又一代。

——培根

读书可以培养一个完人，谈话可以训练一个敏捷的人，而写作则可造就一个准确的人。

——培根

掌握知识不是为了争论不休，不是为了藐视别人，不是为了利益、荣誉、权力或者达到某种目的，而是为了用于生活。

——培根

有些书可供一赏，有些书可以吞下，有不多的几部书则应当咀嚼消化；有的书只要读读其中一部分就够了，有些书可以全读，但是不必细心地读，还有不多的几部书则应当全读、勤读，而且用心地读。

——培根

一本新书像一艘船，带领我们从狭隘的地方，驶向无限广阔的生活海洋。

——海伦·凯勒

书籍使一些人博学多识，但也使一些食而不化的人疯疯癫癫。

——彼特拉克

在读书上，数量并不列于首要，重要的是书的品质与所引起的思索的程度。

——富兰克林

读书而不能运用，则所读的书等于废纸。

——华盛顿

你知道得很多，但如果你不把你的知识用于你的需要，那就没有什么用处。

——彼特拉克

有了知识不运用，如同一个农人耕而不播种。

——萨迪

书籍用得好的时候是最好的东西；滥用的时候，是最坏的东西之一。

——爱默生

真正的读书使瞌睡者醒来，给未定目标者选择适当的目标。正当的书籍指示人以正道，使其避免误入歧途。

——卡耐基

所有的好书，读起来就像和过去世界上最杰出的人们的谈话。

——笛卡儿

读书对于智慧，就像运动对于身体一样。

——爱迪生

生命是短暂的，空余时间很少，因此我们不应把一刻空余时间耗费在阅读价值不大的书籍上。

——罗斯金

从来没有人为了读书而读书，只有在书中读自己，在书中发现自己，或检查自己。

——罗曼·罗兰

爱好书籍的人，决不会缺乏真实的朋友、有益的顾问和愉快的伴侣。

——伯洛

书，这是这一代人对另一代人精神上的遗言，这是将死的老人对刚刚开始生活的青年人的忠告，这是准备去休息的哨兵向前来代替他的岗位的哨兵的命令。

——赫尔岑

不要把学问看做是用来装饰的王冠，也不要把学问看做是用来挤奶的奶牛。

——列夫·托尔斯泰

阅读一本不适合自己阅读的书，比不阅读还要坏。我们必须学会这样一种本领：选择最有价值、最适合自己所需要的读物。

——别林斯基

不好的书告诉你错误的概念，使无知者变得更无知。

——别林斯基

书籍是全人类的营养品。

——莎士比亚

思想与自由

SiXiangYuZiYou

怎样思想，就有怎样的生活。

——爱默生

伟大的思想能变成巨大的财富。

——塞内加

有一件事情是十分清楚的：创新思想不是那些专门从事开发创新思想的人的专有领地。

——斯威尼

思想是生命的奴隶，生命是时间的佣人。

——莎士比亚

建立文明的不是机器而是思想。

——列夫·托尔斯泰

当感情只是劝我们去做可以缓行的事的时候，应当克制自己不要立刻作出任何判断，用另一些思想使自己定一定神，直到时间和休息使血液中的情绪完全安定下来。

——笛卡尔

生活是恼人的牢笼。一个有思想的人到成年时期，对生活有了成熟的感觉，他就不能不感到他关在一个无从脱逃的牢笼里面。

——契诃夫

梦是心灵的思想，是我们的秘密真情。

——杜鲁门·卡波特

渐进思想是创新的最大敌人。

——尼古拉·尼葛洛庞帝

问题永远不在于如何使用头脑里产生崭新的、创造性的思想，而在于如何从头脑里淘汰旧观念。

——迪伊·霍克

人要有三个头脑，天生的一个头脑，从书中得来的一个头脑，从生活中得来的一个头脑。

——蒙田

思想——自由的精灵。

——莎士比亚

智者受理智的指导，常人受经验的指导；而野兽受直觉的指导。

——西塞罗

最难得的勇气，是思想的勇气。

——法朗士

我们的生活就像旅行，思想是导游者；没有导游者，一切都会停止。目标会丧失，力量也会化为乌有。

——歌德

思想是会享用它的人的财产。

——爱默生

扼杀思想的人，是最大的谋杀犯。

——罗曼·罗兰

分析显而易见的事情需要非凡的思想。

——怀特黑德

思想像爱和死一样，别人不能代替。

——罗斯坦

一个伟大的灵魂，会强化思想和生命。

——爱默生

寿命的缩短与思想的虚耗成正比。

——达尔文

一个人对社会的价值，首先取决于他的感情思想和行动对于人类利益有多大作用。

——爱因斯坦

人们大半是依据他的意向而思想，依据他的学问与见识而谈话，而其行为却是依据他们的习惯。

——培根

愉快的生活是由愉快的思想造成的。

——牛顿

思想上的努力，正如可以长出大树的种子一般，在眼睛里是看不见的。但，人类社会生活的明显的变化正发生于其中。

——列夫·托尔斯泰

我们比较容易承认行为上的错误、过失和缺点，而对于思想上的错误、过失和缺点则不然。

——歌德

学习是劳动，是充满思想的劳动。

——乌申斯基

书籍是在时代波涛中航行的思想之船，它小心翼翼地把珍贵的货物运送给一代又一代。

——培根

人的思想是了不起的，只要专注于某一项事业，就一定会做出使自己感到吃惊的成绩来。

——马克·吐温

一个具有天才的人——具有超人的性格，绝不遵循通常人的思想和途径。

——司汤达

艺术应当担负起哺育思想的责任。

——白朗宁

人的面孔要比人的嘴巴说出来的东西更多，更有趣，因为嘴巴说出的只是人的思想，而面孔说出的是思想的本质。

——叔本华

语言作为工具，对于我们之重要，正如骏马对骑士的重要。最好的骏马适合于最好的骑士，最好的语言适合于最好的思想。

——但丁

语言属于一个时代，思想属于许

多时代。

——卡拉姆辛

争论是思想的最好触媒。

——巴甫洛夫

言语本来应当是思想的仆人，但却往往变成思想的主人。

——克鲁劳

美的文词就是思想的光辉。

——朗吉弩斯

作为新生力量的青年一代，应该成为时代的青年，每个青年具有新的思想，准备更替旧的思想。这也是人类进步和人类进程的条件。

——别林斯基

要做一个襟怀坦白，光明磊落的人，不管是在深藏内心的思想活动中，还是在表露于外的行为举止上都是这样。

——温塞特

你我是朋友，各拿一个苹果彼此交换，交换后仍然是各有一个苹果；倘若你有一个思想，我也有一种思想，而朋友间交流思想，那我们每个人就有两种思想了。

——肖伯纳

从容不迫地谈理论是一件事，把思想付诸实行——尤其在需要当机立断的时候，又是一件事。

——罗曼·罗兰

从伟大的认知能力和无私的心情结合之中最易于产生出思想智慧来。

——罗素

智慧是不会枯竭的，思想和思想相碰，就会迸溅无数火花。

——马尔克林斯基

思想和智慧是高尚的美德。

——海塞

智慧只在于一件事，就是认识那善于驾驭一切的思想。

——赫拉克利特

懒于思索，不愿意钻研和深入

理解，自满或满足于微不足道的知识，都是智力贫乏的原因。这种贫乏通常用一个字来称呼，这就是“愚蠢”。

——高尔基

一个训练有素的思想家的主要特点在于，他不在佐证不足的情况下轻易做出结论。

——贝弗里奇

好人的荣誉深藏在人们的思想里，而不是挂在众人的嘴上。

——托马斯

人的思想是可塑的；一个人如果每天观赏一幅好画，阅读某部佳作中的一页，聆听一支妙曲，就会变成一个有文化修养的人——一个新人。

——罗斯金

以思想和力量来胜过别人的人，我并不称他们为英雄，只有以心灵使自己更伟大的人们，我才称为英雄。

——罗曼·罗兰

思想的形成，首先是意志的形成。

——莫洛亚

脑筋若无正确的思想的培养，任它怎样发达，这发达总是畸形的发达，那么一切的行为都没有稳定的正确的立足点。

——聂耳

有高尚思想的人永不会孤独。

——西德尼

所有伟大的事迹和伟大的思想都有荒谬的开头。

——加缪

成功的条件在于勇气和自信，而勇气和自信乃是由健全的思想和健康的体魄而来。

——科伦

没有引发任何行动的思想都不是思想而是梦想。

——马丁

克服自己消极的钻牛角尖的扭曲的思想方式，便能增加效率，提高自尊心。

——伯恩斯

大多数思想家写得拙劣，因为他们不仅要传达自己的思想，而且要传达思考的过程。

——尼采

思想以自己的言语喂养它自己，而成长起来。

——泰戈尔

人的思想，必定重于前世现世或来世的某一方，无法从站在历史时点的“自己的思想”的领域超脱出来。

——三岛由纪夫

躯体总是以惹人厌烦告终。除思想以外，没有什么优美和有意思的东西留下来，因为思想就是生命。

——萧伯纳

你可以从别人那里得来思想，你的思想方法，即熔铸思想的模子却必须是你自己的。

——拉姆

往往并不是我们的思想决定乐观还是悲观，而是我们生理和病理引起的乐观或者悲观意识形成自己的思想。

——乌纳穆诺

思想是天空中的鸟，在语言的笼里，也许会展翼，却不会飞翔。

——纪伯伦

人类最大的不幸是他没有像眼睑制动器那样器官，使他能在需要时遮住或阻遏一种思想或所有的思想。

——瓦莱里

我们的生活所需的思想，也许在三千年前就思维殆尽。我们只需要在老柴上加新火就行了。

——芥川龙之介

世上最艰难的工作是什么？思想。凡是值得思想的事情，没有不是人思考过的；我们必须做的只是试图重新加以思考而已。

——歌德

若是一个人的思想不能比飞鸟

上升得更高，那就是一种卑微不足道的思想。

——莎士比亚

人的面孔常常反映他的内心世界，以为思想没有色彩，那是错误的。

——雨果

你可以从别人那里汲取某些思想，但必须用你自己的方式加以思考，——在你的模子里铸成你思想的砂型。

——兰姆

如果要想在众多的书籍中发现思想，结果就会大失所望，思想存在于河川海洋丘陵和森林日光和天然的风之中。

——杰弗利斯

伟大的思想只有付诸行动才能成为壮举。

——威武赫兹里

思想的动摇并非正确与错误之间左右不定，而是一种理智与非理智之间徘徊。

——荣格

思想是比任何东西都坚固的城墙，因为它绝不会倒塌，也不会交到敌人手中去。

——安提斯德内

思想的伟大不在于能否容纳琐碎小事，而在于能否用自己的影响使小事变成大事。对小事漠不关心的人也不会对大事真正感兴趣。

——罗斯金

你可以靠思想上的隔音器隔绝喧闹声。

——罗斯

思想上的错误会引起语言上的错误，言论上的错误会引起行动上的错误。

——皮萨列夫

应该坚信，思想和内容不是通过没头没脑的感伤，而是通过思考而得到的。

——车尔尼雪夫斯基

没有引发任何行动的思想都不是思想，而是梦想。

——马丁

善于思考的人思想急速转变，不会思考的人晕头转向。

——克柳夫斯基

思想寓于躯体，但尽管如此，身体最健壮的人不一定就是杰出的思想家。

——伏尔泰

既有强壮的身体又有健全的思想是难能可贵的。

——玉外纳

信念的固定性不仅可能反映思维的一贯性，而且还可能反映思想的惰性。

——克留切夫斯基

脑力心力，要放在适当的地方，莫贪多而纷乱，要常常集中思想。

——裴斯泰洛齐

用思想去战斗，而不应受思想的束缚而裹足不前。每人都有其独特的思维方式。

——菲德鲁斯

可以断定，思想和身体一样，稍有过度的安逸，便会如染瘟病。

——狄更斯

人的幸运不在于可见的财产的富足，而在于内在的不可见的思想的完美与丰富。

——阿纳卡西斯

形式是一只金瓶，思想之花插入其内，便可流芳百世。

——法朗士

人人都抱怨缺乏记忆力，但没有一个人抱怨缺乏健全的思想。

——拉罗什夫科

思想的价值和思想的影响力是成正比的。

——布尔沃一利

人的思想如一口钟，容易停摆，需要经常上紧发条。

——威赫兹里特

思想像胡须，不成熟就不可能长出来。

——伏尔泰

你所说的一切，都应符合你的思想，否则就是恶意欺骗。

——蒙田

并非语言本身有多么正确，有力，或者优美，而在于它所体现出来的思想的力量。

——歌德

哪里有思想，哪里就有威力。

——雨果

深刻的思想就像铁钉，一旦钉在脑子里，什么东西也没法把它拔出来。

——狄德罗

人会长久停留在一个思想上，因而他也就有可能被束缚住手脚。

——哈里法克斯

人的正确思想总是紊乱的，思想和生病的肌体一样是不可能健全的。

——西塞罗

用感情生活的人的生命是悲剧，用思想生活的人的生命是喜剧。

——布律耶尔

明智的一个重要方面就是不要样样皆知。

——格劳秀斯

理性一手拿着自己的原理，一手拿着根据那个原理研究出来的实验，奔赴自然。

——康德

高贵的精神是不会停步不前的，它经常使人勇敢而无所畏惧。

——霍姆林斯基

最可怕的敌人，就是没有坚强的信念。

——罗曼·罗兰

很难说什么是办不到的事情，因为昨天的梦想可以是今天的希望，并且还可以成为明天的现实。

——罗伯特

大多数人最烦恼的苦事，就是苦思冥想。

——詹姆斯·布莱斯

思考是人类最大的乐趣之一。

——布莱希特

过分冷静的思考、缺乏感情的冲动，也必然使人的心理变态。

——瓦西列夫

要真正做到多思，我们必须甘心忍受并延续那种疑惑的状态，这是对彻底探究的动力，这样就不至于在示获充足理由之前接受某一设想或肯定某一信念。

——约翰·杜威

不善思索的有才能的人，必定以悲剧收场。

——甘必大

人凭借思考而能变成神。

——拉马丁

智力取消了命运，只要一个人在思考，他就是自主的。

——爱默生

沉思就是劳动，思考就是行动。

——雨果

上帝所做的、胜过一切想象中的幸福行为，莫过于纯粹的思考，而人的行为中最接近这种幸福的东西，也许是与思考最密切的活动。

——亚里士多德

没有任何权宜之计可以让人逃避真正的劳动——思考。

——爱迪生

谁没有用脑子去思考，到头来他除了感觉之外将一无所有。

——歌德

一个人思虑太多，就会失却做人的乐趣。

——莎士比亚

我们要敢于思考“不可想象的事情”，因为如果事情变得不可想象，思考就停止，行动就变得无意识。

——富布赖特

凡善于考虑的人，一定是能根据其思考而追求可以通过行动取得最有益于人类东西的人。

——亚里士多德

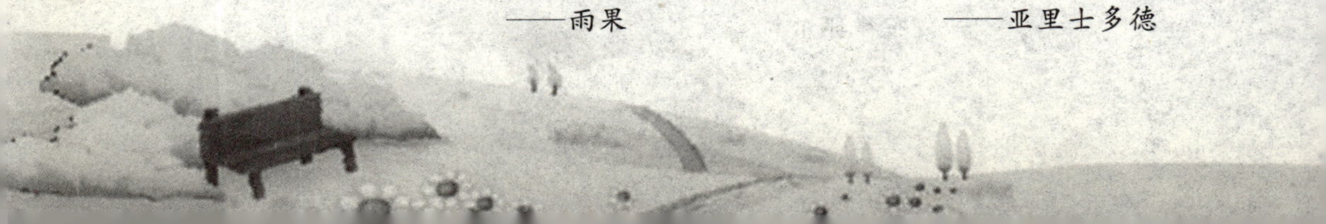

一分钟的思考抵得过一小时的唠叨。

——托马斯·胡德

思考是人类最大的乐趣。

——布莱希特

我们必须作为思索的人而行动，作为行动的人而思索。

——柏格森

完全按照逻辑方式进行思维，就好像是一把两面都是利刃而没有把柄的钢刀，会割伤使用者的手。

——泰戈尔

伟大的思想只有付诸行动才能成为壮举。

——威武赫兹里

人是为了思考才被创造出来的。

——帕斯卡

精神的高雅在于思考那些善良和优美的事物。

——拉罗什富科

任何东西都没有像大胆的幻想那样能促进未来的创立。今天的空想，就是明天的现实。

——雨果

思索，继续不断的思索，以待天曙，渐近乃见光明。

——牛顿

学而不思则罔，思而不学则殆。

——孔丘

心之官则思，思则得之，不思则不得也。

——孟轲

“思考”应当走到众人前面去，“愿望”不妨留在后面。

——富兰克林

只想到开始，也要想到发展，而尤其是不能不想到结局。

——茨威格

宁可受苦而保持清醒，宁可忍受痛苦而思维，也胜似不进行思维。

——茨威格

苟学而不思，此理终无由而得。

——罗钦顺

意志、悟性、想象力以及感觉上的一切作用，全由思维而来。

——笛卡尔

独立思考和独立判断的一般能力，应当始终放在首位。

——爱因斯坦

好奇的目光常常可以看到比他所希望看到的东西更多。

——莱辛

幻想的天性富有永远年轻的秘密。

——茨威格

与其不透彻地理解许多事，不如理解的事不多，但都能彻底。

——法朗士

思考的意思是亲近自己。

——乌纳木诺

缺乏幻想的学者只能是一个好的流动图书馆和活的参考书，他只掌握知识，但不会创造。

——莱辛

说话不考虑，等于射击不瞄准。

——塞万提斯

我思故我在。

——笛卡尔

有两种容易悄悄过生活的方法，就是相信一切或怀疑一切。两种方法都使我们省却思考。

——科齐布斯基

有许多人玩乐致死。有许多人大吃大喝致死，没有人思考致死。

——海特

不能不考虑自己走的路是否合适，就不加思索地沿着这条路走下去，而应该考虑自己的才能和志趣，并按照这种才能和志趣改变自己的道路。

——哈代

怀疑一切与信任一切是同样的

错误，能得乎其中方为正道。

——乔叟

想象，这是种特质。没有它，一个人既不能成为诗人，也不能成为哲学家、有机智的人、有理性的生物，也就不成其为人。

——狄德罗

想象是灵魂的眼睛。

——茹贝尔

回忆过去和展望将来的作法，会使过去成为伤感的同义语，使将来成为审慎的代名词。

——哈代

在严格求实的探索已山穷水尽之处，却可以让想象展开翱翔的翅膀，发挥有益的，在某种意义上说来也是可靠的作用。

——茨威格

要对一个人作出判断，至少要设身处地，深入了解关于他的感情、不幸和思想的秘密；只想就事件的物质方面去了解他的生活，这是写编年史，是给傻瓜们作传记！

——巴尔扎克

相信青春是一生当中最快乐的时光，是一种谬误。最快乐的人是想着最有趣味的思想的人，因而我们是愈老愈快乐。

——威廉·里昂·菲尔坡

对于一个决不肯随便失身于人的妇女，肉体是骄傲的，肉体比思想更不容易消除怨愤。

——罗曼·罗兰

过多地吸取别人的独创思想，就限制了自己本来拥有的那一份思辨能力的发展。陷入到别人的思路之中，就同在别的庭园里迷路一样，这又像一个身材高大的仆人搀着你走路，他步子大，你步子小，非常吃力。

——查尔斯·兰姆

思想虽然没有实体的，也要有个支点，一失去支点它就开始乱滚，一团糟地围着自己转；思想也忍受不了这种空虚。

——茨威格

从根本上说，只有我们独立自主的思索，才真正具有真理和生命。因为，惟有它们才是我们反复领悟的东西。他人的思想就像加别人飧桌上的残羹，就像陌生客人挪下的衣衫。

——叔本华

离开了人才荟萃的中心，呼吸不到思想活跃的空气，不接触日新月异的潮流，我们的知识会陈腐，趣味会像死水一般变质。

——巴尔扎克

我们当然有着思想准备，把死亡看作是生命的必然归宿，从而同意这样的说法：每个人都欠大自然一笔账，人人都得还清账——死亡是自然的，不可否认的，无法避免的。

——弗洛依德

构成生命的主要成分，并非事实和事件，它主要的成分是思想的风暴，它一生一世都在人的脑中吹袭。

——马克·吐温

在寂寞无聊中，一个人才能感到跟关于思想的人在一起生活的好处。

——卢梭

讨论犹如砺石，思想好比锋刃，两相砥砺将使思想更加锋利。

——培根

生活中常常是这样：流言一传十，十传百，会把任何伟大的，造福于民的、经过苦苦思索、历尽种种磨难才获得的思想歪曲成于己、于真理都无益的邪说。

——艾特玛托夫

人类的全部尊严，就在于思想！

——帕思卡尔

良好的健康状况，精神饱满和体力充沛——这是朝气蓬勃地感知世界、乐观主义精神和随时准备克服困难的思想的最重要的条件。

——霍姆林斯基

人的一切都应该是美丽的：面貌、衣裳、心灵、思想。

——契诃夫

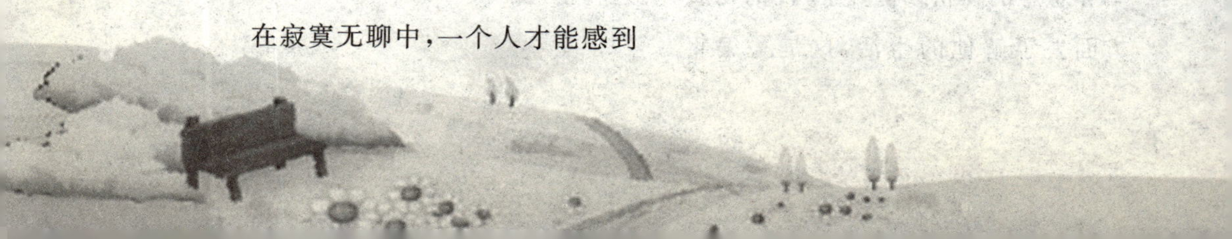

美好的思想，没有美好的品德来陪伴，它不过是泡影。

——摩索姆达

一个人的活动，如果不是被高尚的思想所鼓舞，那它是无益的、渺小的。

——车尔尼雪夫斯基

一个人对社会的价值首先取决于他的感情、思想和行动对增进人类利益有多大作用。

——爱因斯坦

一个能思想的人，才是一个力量无边的人。

——巴尔扎克

就是好思想，如果不去实行，就和好梦一样。

——爱默生

自己的思想愈卑劣，就愈要挑剔别人的错。

——克雷洛夫

华丽的装饰，精美的食品，填补不了精神的空虚；一个真正的革命者，首先追求的是思想上的充实和丰富。这一点，是任何珍贵的东西都不能代替的。

——高尔基

在月球遥望地球，我看不到任何国界，我觉得地球就是一个整体，我的整个思想也就开阔了。

——塞尔南

说出一个人真实的思想是人生极大的安慰。

——伏尔泰

习惯是一个人思想与行为的领导者。

——爱默生

有什么样的思想，就有什么样的行为；有什么样的行为，就有什么样的习惯；有什么样的习惯，就有什么样的性格；有什么样的性格，就有什么样的命运。

——查·霍尔

学然后知不足，教然后知困。知不足，然后能自反也；知困，然后能自强也。

——孔丘

世界上最宽阔的东西是海洋，比海洋更宽阔的是天空，比天空更宽阔的是人的心灵。

——雨果

你的心灵常常是战场。在这个战场上，你的理性与判断和你的热情与嗜欲开战。

——纪伯伦

心灵应该习惯于从自身中吸取快乐。

——德谟克利特

心灵有时应该得到消遣，这样才能更好地回到思想与其本身。

——费德鲁斯

心灵的痛苦更甚于肉体的痛楚。

——贺拉斯

经得起各种诱惑和烦恼的考验，才算达到了最完美的心灵健康。

——培根

心灵开朗的人，面孔也是开朗的。

——席勒

心灵纯洁的人，生活充满甜蜜和喜悦。

——列夫·托尔斯泰

一个人自己的心灵，还有他的朋友们的感情——这是生活中最有魅力的东西。

——王尔德

心灵反映生活，面貌反映心灵。

——巴尔扎克

惟有心灵能使人高贵。所有那些自命高贵而没有高贵的心灵的人，都像块污泥。

——罗曼·罗兰

在一切创造物中间没有比人的心灵更美、更好的东西了。

——海涅

对具有高度自觉与深邃透彻的心灵的人来说，痛苦与烦恼是他必备的气质。

——陀思妥耶夫斯基

每个人的心灵深处都有着只有他自己理解的东西。

——列夫·托尔斯泰

有恬静的心灵就等于把握住心灵的全部;有稳定的精神就等于能指挥自己!

——米贝尔

你失掉的东西越多,你就越富有:因为心灵会创造你所缺少的东西。

——罗曼·罗兰

一个拥有真正美的心灵总是有所作为的,并且是一个实实在在的人。

——黑格尔

无所事事并非宁静,心灵的空洞就是心灵的痛苦。

——库柏

心灵建造了天国,也建造了地狱。

——弥尔顿

我们手里的金钱是保持自由的一种工具。

——卢梭

纪律是自由的第一条件。

——黑格尔

个人的自由,以不侵犯他人的自由为自由。

——穆勒

凡是不给别人自由的人,他们自己就不应该得到自由,而且在公正的上帝统治下,他们也是不能够长远地保持住自由的。

——林肯

不要过分的醉心放任自由,一点也不加以限制的自由,它的害处与危险实在不少。

——克雷洛夫

自由不是无限制的自由,自由是一种能做法律许可的任何事的权利。

——孟德斯鸠

不能制约自己的人，不能称之为自由的人。

——毕达哥拉斯

人们往往把任性也叫做自由，但是任性只是非理性的自由，人性的选择和自决都不是出于意志的理性，而是出于偶然的动机以及这种动机对感性外在世界的依赖。

——黑格尔

自由的目的是为他人创造自由。

——马拉默德

正义和自由互为表里，一旦分割，两者都会失去。

——富尔克

自由应是一个能使自己变得更好的机会。

——加缪

道德是自由的保卫者。

——斯米茨

为了享有自由，我们必须控制自己。

——任尔夫

没有自由的秩序和没有秩序的自由，同样具有破坏性。

——西奥多·罗斯福

一个人只要宣称自己是自由的，就会同时感到他是受限制的。如果你敢于宣称自己是受限制的，你就会感到自己是自由的。

——歌德

自由不仅为滥用权力而失去，也为滥用自由而失去。

——麦奇生

如果自由流于放纵，专制的魔鬼就乘机侵入。

——华盛顿

甘心做奴隶的人，不知道自由的力量。

——贝克

放弃基本的自由以换取苟安的

人，终归失去自由，也得不到安全。

——富兰克林

自由固不是钱所能买到的，但能够为钱而卖掉。

——鲁迅

秩序意味着光明和安宁，意味着内在的自由和自我控制。

——阿米尔

不惜牺牲自由以图苟安的人，既不配享受自由，也不配获得安全。

——富兰克林

只有这样的人才配生活和自由，假如他每天为之而奋斗。

——歌德

我们是法律的仆人，以便我们可以获得自由。

——西塞罗

意志是自由自在的，人实现了他的意志，也等于实现了他自己，而这种自我实现对个人来说是一种最大的满足。

——弗洛姆

人是生而自由的，但却无往不在枷锁之中。自以为是其他一切的主人的人，反而比其他一切更是奴隶。

——卢梭

人们会为了人类的至善而死，为了这种至善，人们乐意牺牲他们的一切自由。

——肖伯纳

言论自由是一切权利之母。

——卡多索

让我们维护公平，那么我们将会得到更多的自由。

——约瑟夫·儒贝尔

法律永远不会产生伟大的人物，只有自由才能造成巨人和英雄。

——席勒

我们不能仅靠人类内心热爱自由来维护自由。

——约翰·亚当斯

只要不违反公正的法律，那么人

人都有完全的自由以自己的方式追求自己的利益。

——亚当·斯密

首要问题不是自由，而是建立合法的公共秩序。人类可以无自由而有秩序，但不能无秩序而有自由。

——塞缪尔·亨廷顿

自由应是一个能使自己变得更好的机会。

——加缪

工 作

GongZuo

真正的学者真正了不起的地方，是暗暗做了许多伟大的工作而生前并不因此出名。

——巴尔扎克

人只有为自己同时代人的完善，为他们的幸福而工作，他才能达到自身的完善。

——马克思

一个有真正才能的人会在工作过程中感到最高度的快乐。

——歌德

懒惰——它是一种对待劳动态度的特殊作风。它以难以卷入工作而易于离开工作为其特点。

——杰普莉茨卡娅

要工作，要勤劳，劳作是最可靠的财富。

——拉封丹

生活最沉重的负担不是工作，而是无聊。

——罗曼·罗兰

完成工作的方法，是爱惜每一分钟。

——达尔文

科学要求每个人有极紧张的工作和伟大的热情。

——巴甫洛夫

立志是事业的大门，工作是登门入室的的旅途。

——巴斯德

只有经过长时间完成其发展的艰苦工作，并长期埋头沉浸于其中的任务，方可望有所成就。

——黑格尔

立志、工作、成功，是人类活动的三大要素

——巴斯德

伟大的事业是根源于坚韧不断的工作，以全副的精神去从事，不避艰苦。

——罗素

人生不是一种享乐，而是一桩十分沉重的工作。

——列夫·托尔斯泰

从工作里爱上了生命，就是通彻了生命最深的秘密。

——纪伯伦

人类被赋予了一种工作，那就是精神的成长。

——列夫·托尔斯泰

教育的惟一工作与全部工作可以总结在这一概念之中——道德。

——赫尔巴特

教师的人格就是教育工作者的一切，只有健康的心灵才有健康的行为。

——乌申斯基

教育者应当深刻了解正在成长的人的心灵……只有在自己整个教育生涯中不断地研究学生的心理，加深自己的心理学知识，才能够成为教育工作的真正的能手。

——霍姆林斯基

先付报酬的工作是肯定干不好的。

——约·弗洛里奥

公众的信任不能随便托付给人，除非这个人首先证实自己能胜任而且适合从事这项工作。

——马·亨利

一部机器可以做五十个普通人的工作，但没有哪部机器可以完成一个伟大的人的工作。

——哈伯德

政府的行政机构就像一家信托所，须为委托人的利益而不是受委托人的利益去工作。

——西塞罗

灵感全然不是漂亮地挥着手，而是如健牛般竭尽全力工作的心理状态。

——柴可夫斯基

工作中最重要的提高效率。

——约·艾迪生

效率是做好工作的灵魂。

——切斯特菲尔德

没有一件工作是旷日持久的，除了那件你不敢拌着手进行的工作。

——波德莱尔

有远大抱负的人不可忽略眼前的工作。

——欧里庇得斯

振兴世界的惟一办法是人人都做好眼前工作。切不可好高骛远，只求大功。

——查·金斯莱

对未来的最好策划，是善于处理目前，完成最近的的工作任务。

——麦唐纳

生活的乐趣取决于生活本身，而不是取决于工作或地点。

——爱默生

一个人也许会相信许多废话，却依然能以一种合理而快乐的方式安排他的日常工作。

——诺曼·道格拉斯

真正的自由属于那些自食其力的人，并且在自己的工作中有所作为的人。

——罗·科林伍德

有一类卑微的工作是用艰苦卓绝的精神忍受着的，最低陋的事情往往指向最崇高的目标。

——莎士比亚

如果自身伟大，任何工作你都不会觉得渺小。

——乔·麦克唐纳

利器完不成的工作，钝器常能派上用场。

——狄更斯

对于工作的严肃态度，高度的正直，形成了自由和秩序之间的平衡。

——罗曼·罗兰

对科学家来说，不可逾越的原则是为人类文明而工作。

——李约瑟

完成工作的方法是爱惜每一分钟。

——达尔文

护士必须要有同情心和一双愿意工作的手。

——南丁格尔

天才就是最强有力的牛，他们一刻不停地，一天要工作18小时。

——于尔·勒纳

最后的结果确定工作的成败。

——莎士比亚

人们的举止应当像他们的衣服，不可太紧或过于讲究，应当宽舒一点，以便于工作和运动。

——培根

一定要有自信的勇气，才会有工作的勇气。

——鲁迅

意志、工作、等待，是成功的金字塔的基石。

——巴斯德

拼命去争取成功，但不要期望一定会成功。

——法拉第

人生最大的快乐不在于占有什么，而在于追求什么的过程中。

——班廷

一般人总是等待着机会从天而降，而不想努力工作来创造这种机会。当一个人梦想着如何去挣五万镑钱时，一百个人却干脆梦着五万镑就掉在他们眼前。

——米尔恩

检验真理的工作从没有被过去某一个时代的一批学者一劳永逸地完成；真理必须通过它在各个时代受到的反对和打击被人重新发现。

——泰戈尔

只靠信念虽然可以做出奇迹，但这只是表面。意志，不错，意志越坚强，工作越能完成。

——杜伽尔

如果你表现得“好像”对自己的工作感兴趣，那一点表现就会使你的兴趣变得真实，还会减少你的疲惫、你的紧张，以及你的忧虑。

——戴尔·卡耐基

经验显示，成功多因于赤忱，而少出于能力。胜利者就是把自己身体和灵魂都献给工作的人。

——查尔斯·巴克斯顿

伟大的工作，并不是用力量而是用耐心去完成的。

——约翰逊

只有经过长时间完成其发展的艰苦工作，并长期埋头沉没于其中的任务，方可有所成就。

——黑格尔

是工作使人生有味。

——艾约尔

要对生命感到喜悦，因为它给了你去爱的机会，去工作，去玩乐，并用能仰头看星星的机会。

——亨利·凡·戴克

人生之晨是工作，人生之午是评议，人生之夜是祈祷。

——赫西奥德

尽量在舒适的情况下工作。记住，身体的紧张会制造肩痛和精神疲劳。

——卡耐基

如果工作是一种乐趣，人生就是天堂！

——歌德

人能为自己心爱的工作贡献出

全部力量、全部精力、全部知识，那么这项工作将完成得出色，收效也更大。

——奥勃鲁切夫

如果你们，年轻的人们，真正希望过“很宽阔，很美好的生活”，就创造它吧，和那些正在英勇地建立空前未有的、宏伟的事业的人携手去工作吧。

——高尔基

通过辛勤工作获得财富才是人生的大快事。

——巴尔扎克

人才进行工作，而天才进行创造。

——舒曼

实践和行动是人生的基本任务；学问和知识不过是手段、方法，通过这些才能做好主要工作。所以，人生必须具备的知识应该按实践和行动的需要来决定。

——裴斯泰洛齐

最高的道德就是不断地为人服务，为人类的爱而工作。

——甘地

精神健康的人，总是努力的工作及爱人，只要能做到这两件事，其它的事就没有什么困难。

——弗洛依德

我的座右铭是：第一是诚实，第二是勤勉，第三是工作。

——卡耐基

要正直地生活，别想入非非！要诚实地工作，才能前程远大。

——陀思妥耶夫斯基

人类一生的工作，精巧还是粗劣，都由他每个习惯所养成。

——富克兰林

在科学工作中，不愿意越过事实前进一步的人，很少能理解事实。

——赫胥黎

财富与智慧

CaiFuYuZhiHui

财富得之费尽辛苦，守则日夜担忧，失则肝肠欲断。

——托·富勒

财富减轻不了人们心中的忧虑和烦恼。

——提卢布斯

财富使人们常遭伤害，永无安宁。

——约·海伍德

聚敛财富也即自寻烦恼。

——富兰克林

财富是美德的包袱。

——培根

美德与财富很难集于一人之身。

——罗·伯顿

财富、知识、荣耀，不过是权力几种类型。

——霍布斯

任何个人财富都不能成为个人最终的生命价值。

——培根

财富就像海水，饮得越多，渴得越厉害；名望实际上也是如此。

——叔本华

财富和声誉的宠儿们在我们眼前纷纷落马，却不能改变我们的雄心。

——沃维纳格

对知识的渴望如同对财富的追求，越追求，欲望就越强烈。

——斯特恩

战争是骄傲之子，骄傲是财富之女。

——乔·斯威夫特

黄金和财富是战争的主要根源。

——塔西佗

商人的兴趣就在那些能找到财富的地方。

——埃伯克

伟大的思想能变成巨大的财富。

——塞内加

日益增长的财富与日益增长的安逸为人类带来文明。

——宙斯累利

聪明人会用雄心本身来治愈雄心。他的目标如此高尚、财富、地位、幸运和恩惠都无法使他满足。

——拉布吕耶尔

谁因为害怕贫穷而放弃比财富更加富贵的自由，谁就只好永远做奴隶。

——西塞罗

不要在已成的事业中逗留着！

——巴斯德

不经巨大的困难，不会有伟大的事业。

——伏尔泰

坚强的信心，能使平凡的人做出惊人的事业。

——马尔顿

有嫉妒心的人，自己不能完成伟大事业，便尽量去低估他人的伟大，贬抑他人的伟大性使之与他本人相齐。

——黑格尔

一个不注意小事情的人，永远不会成就大事业。

——卡耐基

伟大的事业，需要决心，能力，组

织和责任感。

——易卜生

对一个人来说，所期望的不是别的，而仅仅是他能全力以赴和献身于一种美好事业。

——爱因斯坦

一股脑地把自己的事业讲给大家听的人，他的价值一定是毫不足道的。切实苦干的人往往不是高谈阔论的，他们惊天动地的事业显示了他们的伟大，可是在筹划重大事业的时候，他们是默不作声的。

——黑格尔

虚荣的人注视着自己的名字，光荣的人注视着祖国的事业。

——何塞·马蒂

每个人生下来都要从事某项事业，每一个活在地上的人都有自己生活中的义务。

——海明威

维持一个人的生命的事物，是他的事业。

——爱默生

推动你的事业，不要让你的事业来推动你。

——富兰克林

一个人无论往哪里走，无论从事什么事业，他终将回到本性指给的路上。

——歌德

在年轻人的颈项上，没有什么东西能比事业心这颗灿烂的宝珠更迷人的了。

——哈菲兹

任何事业都可能受挫折，虽然为事业而奋斗的人是伟大的。

——本·涅特

正义的事业并不一定要在感情的冲动下才能完成，它能够在平心静气的辩论中坚持到最后胜利。

——托·布朗

正义的事业能够产生坚定信念

和巨大的力量。

——托·富勒

正义的事业必定是强大的事业。

——托·米德尔顿

感情有着极大的鼓舞力量，因此，它是一切道德行为的重要前提，谁要是没有强烈的志向，也就不能够热烈地把这个志向体现于事业中。

——凯洛夫

应当以事业而不应当以寿数来衡量人的一生。

——塞内加

时间是衡量事业的标准。

——培根

太过重视行为规则与拘泥形式，以致在事业上坐失良机，那损失是很大的。

——培根

即使是世上最伟大、最壮丽的事业，兴许也常常需要瘦弱的手去扶掖。

——埃·斯宾塞

天赋如果无益于人世，必将一天天衰减下去；天赋若是被懒惰所左右，旺盛激越的事业心就没有指望了。

——克雷洛夫

给别人自由和维护自己的自由，两者同样是崇高的事业。

——林肯

世间的任何事物，追求时候的兴致总要比享用时候的兴致浓烈。

——罗曼·罗兰

当你遭遇挫折而感到愤闷抑郁的时候，向知心挚友的一度倾诉可以使你得到疏导。否则这种积郁使人致病。俗语说：人总是乐于把最大的奉承留给自己”，而友人的逆耳忠言却可以治疗这个毛病。朋友之间可以从两个方面提出忠告：一是关于品行的，二是关于事业的。

——培根

事业有成，且别以为是“命运”之神为你带来的。“命运”之神本身没有这个力量，而是被“辨别”之神支配的。

——约翰·多来登

善于识别与把握时机是极为重要的。在一切大事业上，人在开始做事前要像千眼神那样察视时机，而在进行时要像千手神那样抓住时机。

——培根

真正的敏捷是一件很有价值的事。因为时间是衡量事业的标准，如金钱是衡量货物的标准。

——培根

一朝开始便永远能将事业继续下去的人是幸福的。

——赫尔岑

不曾做过一番事业的人，不足以成为一个良好的顾问。

——拿破仑

生活不是苦难，也不是享乐，而是我们应当为之奋斗并坚持到底的事业。

——托克维尔

健康是为我们的事业和我们的福利所必需的，没有健康，就不可能有什么福利，有什么幸福。

——洛克

单个的人是软弱无力的，就像漂流的鲁滨逊一样，只有同别人在一起，他才能完成许多事业。

——叔本华

事业是理念和实践的生动统一。

——亚里士多德

智慧，不是死的默念，而是生的沉思。

——斯宾诺莎

生活的智慧大概就在于遇事问个为什么。

——巴尔扎克

没有智慧的头脑，就象没有腊烛的灯笼。

——列夫·托尔斯泰

缺乏智慧的灵魂是僵死的灵魂，若以学问来加以充实，它就能恢复生气，犹如雨水浇灌荒芜的土地一样。

——伊斯巴哈尼

必须拿出父母全部的爱、全部的智慧和所有的才能，才能培养出伟大的人来。

——马卡连柯

智慧之子使父亲快乐，愚昧之子使母亲蒙羞。

——所罗门

与智慧结合的幻想是艺术之母和奇迹之源。

——戈雅

敏感并不是智慧的证明，傻瓜甚至疯子有时也会格外敏感。

——普希金

智慧的艺术就是懂得该宽容什么的艺术。

——威廉·詹姆斯

大自然让聪明人和傻瓜一样拥有幻想和错觉，以便不使聪明人因独具的智慧而过于不幸。

——尚福尔

最精妙的智慧能产生最精妙的愚蠢。

——拉罗什富科

一切背离了公正的知识都应叫做狡诈，而不应称为智慧。

——柏拉图

打破常规的道路指向智慧之宫。

——布莱克

智慧属于人类，而风格属于作家。

——莫佩尔蒂

笔墨是智慧的犁铧。

——约翰·克拉克

即使在最聪明的人身上，本能也一定先于智慧。对于人来说，本能有时也许是更为理想的向导。

——乔·李洛

美貌和智慧很少结合在一起。

——佩特罗尼乌斯

造就奇才的先决条件是大众的智慧。

——宙斯雷利

白发并不等于是智慧。

——米南德

优雅是上帝的礼物，而智慧则是天赐的机遇。

——兰格伦

优雅之于体态，犹如判断力之于智慧。

——拉罗什富科

幽默与严肃互为验石，因为不愿接受善意的玩笑，其中必有疑处，而经不住审度的玩笑也一定不是智慧。

——高尔克亚

幽默是多么艳丽的服饰，又是何等忠诚的卫士！它永远胜过诗人和作家的智慧；它本身就是才华，它能杜绝愚昧。

——司各特

智慧是对一切事物产生这些事物的原因的领悟。

——西塞罗

智慧仅仅是一种相对的品质，它不可能只有单一定义。

——哈利法克斯

智慧的可靠标志就是能够在平凡中发现奇迹。

——爱默生

智慧不能创造素材，素材是自然或机遇的赠予，而智慧的骄傲在于利用了它们。

——埃德蒙·伯克

造就奇才的先决条件是大众的智慧。

——宙斯雷利

靠智慧能赢得财产，但没人能用财产换来智慧。

——贝·泰勒

过去的一切都是智慧的镜子。

——克·罗塞蒂

极端的命运是对智慧的真正检验，谁最能经得起这种考验，谁就是大智大慧。

——坎伯兰

遇事做最坏的打算的人，是具有最高智慧的人。

——纳·科顿

智慧表现在下一次该怎么做，美德则表现在行为本身。

——约尔旦

智慧不仅是创造文化、获得幸福的原动力，同时也切不可忘记它又是产生破坏、把人推向悲惨和苦恼的深渊的原动力。

——池田大作

狡猾的小聪明并非真正的明智。他们虽然能登堂却不能入室，虽能取巧并无大智。靠这些小术要得逞于世，最终还是行不通的。

——培根

智慧愿我们——勇敢、无忧、矜高、刚强，她是一个女人，永远只爱着战士。

——尼采

勇气是智慧和一定程度教养的必然结果。

——列夫·托尔斯泰

真正勇敢的人，应当能够智慧地忍受最难堪的荣辱，不以身外的荣辱介怀，用息事宁人的态度避免无谓的横祸。

——莎士比亚

决定问题，需要智慧，贯彻执行时则需要耐心。

——荷马

生命是美好的，一切物质是美好的，智慧是美好的，爱是美好的！

——杜伽尔

男人，女人，甚至最骄傲的人都有某种“自卑感”。漂亮的人怀疑自己的智慧，强有力的人怀疑自己的魅力。

——安德烈莫洛亚

赢得友谊要靠智慧，保持友谊要靠美德，这两者是同等重要的。

——威·佩因特

适当的悲哀可以表示感情的深切，过度的伤心却可以证明智慧的欠缺。

——莎士比亚

人类的智慧就是快乐的源泉。

——薄伽丘

智慧的可靠标志就是能够在平凡中发现奇迹。

——爱默生

一个人的智慧不是一个器具，等待老师去填满；而是一块可以燃烧的煤，有待于老师去点燃。

——考留达克

把所有的愚昧淘尽，会看到沉在最底下的智慧。

——贝尔纳

真正高明的人，就是能够借助别人的智慧，来使自己不受蒙蔽的人。

——苏格拉底

坚定不移的智慧是最宝贵的东西，胜过其余的一切。

——德谟克里特

智慧有三果：一是思虑周到，二是语言得当，三是行为公正。

——德谟克里特

好人之所以好是因为他是有智慧的，坏人之所以坏是因为人是愚蠢的。

——柏拉图

智慧就在于说出真理。

——赫拉克利特

记忆力并不是智慧；但没有记忆力还成什么智慧呢？

——哈柏

智育只能是德育的辅助品，学问只能作为辅佐品德之用，对于心地良好的人来说，学问对于德行与智慧都有帮助；对于心地不是良好的人来说，学问就会使他们变得更坏。

——洛克

单单一个有智慧的人的友谊，要比所有愚蠢的人的友谊还更有价值。

——德谟克利特

即使是一个智慧的地狱，也比一个愚昧的天堂好些。

——雨果

创造靠智慧，处世靠常识；有常识而无智慧，谓之平庸，有智慧而无常识，谓之笨拙。智慧是一切力量中最强大的力量，是世界上惟一自觉活着的力量。

——高尔基

一个有智慧的人，才是真正一个无量无边的人。

——巴尔扎克

与智慧相伴的是真理，智慧只存在于真理中。

——培根

从伟大的认知能力和无私的心情结合之中最易于产生出思想智慧来。

——罗素

人的智慧就像一面凹凸不平的镜子，它把自己的本性掺杂在事物的本性中，所以它反映的事物是歪曲的畸形的。

——培根

思想和智慧是高尚的美德。

——海塞

智慧最后的结论是：生活也好，自由也好，都要天天去赢取，这才有资格去享有它。

——歌德

凡过于把幸运之事归功于自己的聪明和智慧的人多半结局是不幸的。

——培根

诚实是智慧之书的第一章。

——杰弗逊

人类之所以感到幸福的原因，并不是身体健康，也不是财产富足；幸福的感受是由于心多诚直，智慧丰硕。

——德谟克里特

身强力壮的，固然是幸福；然而聪明智慧的，还要幸福数倍！

——克雷洛夫

人们在一起可以做出单独一个人所不能做出的事业；智慧、双手、力量结合在一起，几乎是万能的。

——韦伯斯特

求知的目的不是为了吹嘘炫耀，而应该是为了寻找真理，启迪智慧。

——培根

没有智慧的蛮力是没有什么价值的。

——克雷洛夫

智慧、友爱，这是照明我们的黑夜的光亮。

——罗曼·罗兰

只要我们具有能够改善事物的能力，我们的首要职责就是利用它并训练我们的全部智慧和能力，来为我们人类至高无上的事业服务。

——赫胥黎

时　间

ShiJian

在今天和明天之间，有一段很长的时间；趁你还有精神的时候，学习迅速办事。

——歌德

时间最不偏私，给任何人都是 24 小时；时间也最偏私，给任何人都不是 24 小时。

——赫胥黎

合理安排时间，就等于节约时间。

——培根

最聪明的人是最不愿浪费时间的人。

——但丁

浪费时间是一桩大罪过。

——卢梭

你热爱生命吗？那么别浪费时间，因为时间是组成生命的材料。

——富兰克林

没有一种不幸可与失掉时间相比了。

——屠格涅夫

时间的步伐有三种：未来姗姗来迟，现在像箭一样飞逝，过去永远静立不动。

——席勒

时间，每天得到的都是 24 小时，可是一天的时间给勤勉的人带来智慧和力量，给懒散的人只留下一片悔恨。

——鲁迅

时间就是生命，无端的空耗别人的时间，其实无异于谋财害命的。

——鲁迅

时间就像海绵里的水，只要愿挤，总还是有的。

——鲁迅

敢于浪费哪怕一个钟头时间的人，说明他还不懂得珍惜生命的全部价值。

——达尔文

不要为已消尽之年华叹息，必须正视匆匆溜走的时光。

——布莱希特

不要老叹息过去，它是不再回来的；要明智地改善现在。要以不忧不惧的坚决意志投入扑朔迷离的未来。

——朗费罗

只要我们能善用时间，就永远不愁时间不够用。

——歌德

抛弃今天的人，不会有明天；而昨天，不过是行云流水。

——洛克

从不浪费时间的人，没有工夫抱怨时间不够。

——杰斐逊

时间是世界上一切成就的土壤。时间给空想者痛苦，给创造者幸福。

——麦金西

人的全部本领无非是耐心和时间的混合物。

——巴尔扎克

当许多人在一条路上徘徊不前时，他们不得不让开一条大路，让那珍惜时间的人赶到他们的前面去。

——苏格拉底

生命是短促的，然而尽管如此，人们还是有时间讲究礼仪。

——爱默生

时间老人自己是个秃顶，所以直到世界末日也会有大群秃顶的徒子徒孙。

——莎士比亚

只有一种悲痛能够持久，那就是因失去财产而产生的悲痛；时间能够减轻一切痛苦，惟独对于这一种却会加深。

——拉布吕耶尔

上帝绝不会只赋予你使命，而不给你时间去完成。

——约·罗斯金

世界如果是个舞台，那我们在化妆室里要花多少时间来无聊地装扮自己。

——约·厄斯金

必须记住我们学习的时间是有限的。时间有限，不只由于人生短促，更由于人事纷繁。

——斯宾塞

能聪明地充实闲暇时间是人类文明最新成果。

——伯·罗素

时间没有现在，永恒没有未来，也没有过去。

——丁尼生

永恒眷恋时间的产物。

——威·布莱克

胆怯之心随着时间的消失而消失。

——埃斯库罗斯

没有人不爱惜他的生命，但很少人珍视他的时间。

——梁实秋

时间是送给我们的宝贵礼物，它使我们变得更聪明，更美好，更成熟，更完美。

——托马斯·曼

把时间用在思考上是最能节省时间的事情。

——卡曾斯

拖延时间是压制恼怒的最好方式。

——柏拉图

重复言说多半是一种时间上的损失。

——培根

磨灭一切事物，惟独恩德，时间越久，它的力量就越大。

——拉伯雷

真理的最伟大的朋友就是时间，她的最大的敌人是偏见，她的永恒的伴侣是谦虚。

——戈登

真理是时间的孩子，不是权威的孩子。

——布莱希特

每个人在某些时间可能是一个蠢材，但没有一个人在所有时间里都是蠢材。

——寄里

在老年时，会有许多闲暇的时间，去计算那过去的日子，把我们手里永久丢失了的东西，在心里爱抚着。

——泰戈尔

青春是生命中最美好的一段时间。

——黑格尔

一个正直的人要经过长久的时间才能看得出来，一个坏人只要一天就认得出来。

——索福克勒斯

一个人若能对每一件事都感到兴趣，能用眼睛看到人生旅途上、时间与机会不断给予他的东西，并对于自己能够胜任的事情，决不错过，在他短暂的生命中，将能够撷取多少的奇遇啊。

——劳伦斯

人们说得好，真理是时间的女儿，不是权威的女儿。

——培根

惜时如金，如果有什么需要明天做的事，最好现在就开始。

——富兰克林

人们说生命是很短促的，我认为是他们自己使生命那样短促的。由于他们不善于利用生命，所以他们反过来抱怨说时间过得太快；可是我认为，就他们那种生活来说，时间倒是过得太慢了。

——卢梭

丢失的牛羊可以找回；但是失去的时间却无法找回。

——乔叟

每天不浪费或不虚度或不空抛的那一点点时间，即使只有五六分钟，如得正用，也一样可以有很大的成就。游手好闲惯了，就是有聪明才智，也不会有所作为。

——雷曼

昨天只是今天的回忆，明天只是今天的梦。

——吉卜龄

选择机会，就是节省时间。

——培根

浪费时间是所有支出中最奢侈及最昂贵的。

——富兰克林

正当利用时间！你要理解什么，不要舍近求远。

——歌德

不要懒懒散散地虚度生命。

——贝多芬

不守时间就是没有道德。

——蒙森

最不善于利用时间的人最爱抱怨时光短暂。

——拉布吕耶尔

零星的时间，如果能敏捷地加以利用，可成为完整的时间。所谓“积土成山”是也，失去一日甚易，欲得回已无途。

——卡耐基

时间带走一切，长年累月会把你的名字、外貌、性格、命运都改变。

——柏拉图

不知明天该做什么的人是不幸的。

——高尔基

庸人费心将是消磨时光，能人费尽心机利用时光。

——叔本华

今天做不成的，明天也不会做好。一天也不能虚度，要下决心把可能的事情，一把抓住而紧紧抱住，有决心就不会任其逃去，而且必然要贯彻实行。

——歌德

善于选择要点就意味着节约时间，而不得要领的瞎忙，却等于乱放空炮。

——培根

人若把一生的光阴虚度，便是抛下黄金未买一物。

——萨迪

正如每一条金镂是宝贵的，每一刻时间也是宝贵的。

——梅森

好花盛开，就该尽先摘，慎莫待，美景难再，否则一瞬间，它就要调零萎谢，落在尘埃。

——莎士比亚

“现在”是刚过去的时间上的一个“点”。

——罗素

明天，明天，还有明天，人们都在这样安慰自己，殊不知这个明天，就足以把他们关进坟墓。

——屠格涅夫

时间不能增添一个人的生命，然而珍惜光阴却可使生命变得更有价值。

——卢瑟·伯班克

时间乃是最大的革新家。

——培根

时间是审查一切罪犯的最老练的法官。

——莎士比亚

与时间抗争者面对的是一个刀枪不入的敌手。

——塞·约翰逊

如果没有勇气远离海岸线，长时间在海上孤寂地漂流，那么你绝不可发现新大陆。

——纪德

只要你坚持的时间足够长，在恐

惧之中的某一时刻来到之后，恐惧就根本不再是极端的痛苦，而不过是一种十分讨厌、令人恼火的刺激。

——福克纳

人类所有的力量，只是耐心加上时间的混合。所谓强者既有意义，又有等待时机。

——巴尔扎克

不应当急于求成，应当去熟悉自己的研究对象，锲而不舍，时间会成全一切。凡事开始最难；然而更难的是何以善终。

——莎士比亚

不管饕餮的时间怎样吞噬着一切，我们要在这一息尚存的时候，努力博取我们的声名，使时间的镰刀不能伤害我们；我们的生命可以终了，我们的名誉却要永垂万古。

——莎士比亚

人总是要犯错误、受挫折、伤脑筋的，不过决不能停滞不前；应该完成的任务，即使为它牺牲生命，也要完成。社会之河的圣水就是因为被一股永不停滞的激流推动向前才得以保持洁净。这意味着河岸偶尔也会被冲垮，短时间造成损失，可是如果怕河堤溃决，便设法永远堵死这股激流，那只会招致停滞和死亡。

——泰戈尔

与其花许多时间和精力去凿许多浅井，不如花同样的时间和精力去凿一口深井。

——罗曼·罗兰

内容充实的生命就是长久的生命，我们要以此而不是以时间来衡量生命。

——塞涅卡

生命的价值不在于时间的长短，而在于你如何利用它。

——蒙田

生命最长久的人并不是活得时间最多的人。

——索尔仁尼琴

一个人大半生的时间都在清除少年时代种在脑子里的观念。这个过程叫做取得经验。

——巴尔扎克

时间正像一个趋炎附势的主人，对于一个临去的客人不过和他略微握握手，对于一个新来的客人，却伸开了两臂，飞也似的过去抱住他；欢迎是永远含笑的，告别总是带着叹息。

——莎士比亚

开诚布公与否和友情的深浅，不应该用时间的长短来衡量。

——巴尔扎克

把时间用得节省些，我很可能把最珍贵的金刚石拿到手。

——歌德

善于利用时间的人，永远找得到充裕的时间。

——歌德

时间像奔腾澎湃的急湍，它一去无还，毫不留恋。

——塞万提斯

浪费时间是所有支出中最奢侈最昂贵的。

——富兰克林

人们常觉得准备的阶段是在浪费时间，只有当真正的机会来临，而自己没有能力把握的时候，才能觉悟到自己平时没有准备才是浪费了时间。

——罗曼·罗兰

即使一动不动，时间也在替我们移动。而日子的消逝，就是带走我们希望保留的幻想。

——罗曼·罗兰

整个的生命是日子的问题。只有那该死的梦想家才会把自己放在虚无缥渺间，而不去抓住眼前飞逝的光阴。

——罗曼·罗兰

如果说金钱是商品的价值尺度，那么时间就是效率的价值尺度。因此对于一个办事缺乏效率者，必将为此付出高昂代价。

——培根

一切都不是我们的，而是别人的，只有时间是我们的财产。

——塞涅卡

时间是最不值钱的东西，也是最宝贵的东西，因为有了时间，我们就有了一切。

——莱尼斯

时间是变化的财富。时钟模仿它，却只有变化而无财富。

——泰戈尔

任何事物都无法抗拒吞食一切的时间。

——泰戈尔

宝贵的光阴，总是像箭一样地飞逝着。

——狄更斯

时间就是金钱……而且对用它来计算利益的人来说，是一笔巨大的金额。

——狄更斯

永远不要把你今天可以做的事留到明天做。延宕是偷光阴的贼。抓住他吧！

——狄更斯

时间是人能消费的最有价值的东西。

——狄奥佛拉斯塔

消磨时间是一种多么劳累、多么可怕的事情啊，这只肉眼看不见的秒针无时不在地平线下转圈，你一再醉生梦死地消磨时间，到头来你还得明白，它仍在继续转圈，无情地继续转圈。

——伯尔

由于时光转瞬即逝，无法挽回，所以说它是世间最宝贵的财富。滥用时光无疑是人们最没有意义的一种消磨方式。

——毛姆

最长的莫过于时间，因为它永无穷尽；最短的也莫过于时间，因为我们所有的计划都来不及完成。

——伏尔泰

使时间充实就是幸福。

——爱默生

平庸的人关心怎样耗费时间，有才能的人竭力利用时间。

——叔本华

善于掌握自己时间的人，是真正伟大的人。

——海西阿德

急速流逝的时间，一去不返的时间，是人最宝贵的财富，如果把它虚度，那是最大的挥霍。

——莫艾姆

如果可能，那就走在时代的前面；如果不能，那就同时代一起前进；但是决不要落在时代的后面。

——布留索夫

不善于利用时间的人，总是首先抱怨没有时间，因为他把时间都耗费在穿、吃、睡和聊天上，去考虑该做什么，而只是什么也不去做。

——拉布吕耶尔

铭刻在心：每一天都是一年中最好的日子。

——爱默生

忍耐和时间，往往比力量和愤怒更有效。

——拉封丹

生命多少用时间计算，生命的价值用贡献计算。

——裴多菲

人生的价值，并不是用时间，而是用深度去衡量的。

——列夫·托尔斯泰

我从来不认为半小时是微不足道的很小的一段时间。

——达尔文

最聪明的人是最不愿浪费时间的人。

——但丁

浪费时间是一桩大罪过。

——卢梭

没有一种不幸可与失掉时间相比了。

——屠格涅夫

时间会刺破青春表面的彩饰，会在美人的额上掘深沟浅槽；会吃掉稀世之珍！天生丽质，什么都逃不过他那横扫的镰刀。

——莎士比亚

只有经过长时间完成其发展的艰苦工作，并长期埋头沉浸于其中的任务，方可望有所成就。

——黑格尔

辛勤的蜜蜂永没有时间的悲哀。

——布莱克

时间是人的财富，全部财富，正如时间是国家的财富一样，因为任何财富都是时间与行动化合之后的成果。

——巴尔扎克

有时间增加自己精神财富的人才是真正享受到安逸的人。

——梭洛

没有方法能使时钟为我敲已过去了的钟点。

——拜伦

抛弃时间的人时间抛弃他。

——莎士比亚

黄金时代在我们面前而不在我们背后。

——马克·吐温

普通人只想到如何度过时间，有才能的人设法利用时间。

——叔本华

即将来临的一天，比过去的一年更为悠长。

——福尔斯特

完成工作的方法是爱惜每一分钟。

——达尔文

人生苦短，若虚度年华，则短暂的人生就太长了。

——莎士比亚

在所有的批评中，最伟大、最正确、最天才的是时间。

——别林斯基

人的全部本领无非是耐心和时间的混合物。

——巴尔扎克

人们不能给情欲规定一个时间。

——罗曼·罗兰

时间是不可占有的公有财产，随着时间的推移，真理会愈益显露。

——培根

能聪明地充实闲暇时间是人类文明最新成果。

——伯·罗素

永恒眷恋时间的产物。

——威·布莱克

胆怯之心随着时间的消失而消失。

——埃斯库罗斯

把时间用在思考上是最能节省时间的事情。

——卡曾斯

拖延时间是压制恼怒的最好方式。

——柏拉图

金钱和时间是人生两种最沉重的负担，最不快乐的就是那些拥有这两种东西太多，我得不知怎样使用的人。

——约翰生

青春是生命中最美好的一段时间。

——黑格尔

谁希望成为一个具有智慧的人，谁就没有时间去淘气胡闹；淘气胡闹是应该自行消灭的。

——果戈理

真正的敏捷是一件很有价值的事。因为时间是衡量事业的标准，如金钱是衡量货物的标准。

——弗·培根

痛苦和寂寞对年轻人是一剂良药，它们不仅使灵魂更美好，更崇高，还保持了它青春的色泽。

——大仲马

浪费时间是所有支出中最奢侈及最昂贵的。

——富兰克林

不要懒懒散散地虚度生命。

——贝多芬

谁虚度年华，青春就要褪色，生命就会抛弃他们。

——雨果

不守时间就是没有道德。

——蒙森

最不善于利用时间的人最爱抱怨时光短暂。

——拉布吕耶尔

世上真不知有多少能够成功立业的人，都因为把难得的时间轻轻放过而致默默无闻。

——莫泊桑

最有希望的成功者，并不是才干出众的人而是那些最善利用每一时机去发掘开拓的人。

——苏格拉底